THE
SABBATH
Its Meaning for Modern Man

安 息 日 的 真 谛

赫舍尔（Abraham Joshua Heschel）著

邓元尉 译

上海三联书店

"你六日要做工，第七日要安息。"

出埃及记三十四章 21 节

目录

Part ❸

זכור את יום השבת לקדשו

前言：时间的建筑学

神秘主义者期待上帝创造一个圣地，无论是圣山或圣泉，随后在其上建造一间圣所。然而，就圣经而言，天地建造完成后，最先出现的却是那时间中的圣洁，也就是安息日。

科技文明就是人类对空间的征服。但这样的征服，往往得牺牲一种基本的存在要素，这要素就是时间。处身科技文明中的我们，以时间换取空间；生活的主要目标，即是在这空间世界里扩展自己的权力。然而，拥有得愈多，并不表示我们的存在愈真实。我们在这空间世界所获得的权力，在时间的疆界上戛然而止；唯有时间才是存在的核心。[1]

　　控制这空间世界固然是我们人类担负的一项任务，然而，如果我们在空间之域争取权力的同时，却失落了对时间之域的一切渴望，危机就此诞生。在时间之域中，生命的目标不是拥有，而是存在；不是占有，而是施予；不是控制，而是分享；不是征服，而是和谐共处。一旦对空间的控制、对空间之物[译1]的攫取，成为我们唯一的关注，生命就走上了岔路。

　　没有任何事物比权力更为有用，但也没有任何事物较权力更加可惧。过去，我们常常因为缺乏权力而受到剥削；如今，剥削我们的却是权力所带来的威胁。

热爱工作的确能带来快乐,然而当我们在工作中贪得无厌,就会跌入悲惨的境地。汲汲营营的心壶在利益之泉中破碎;世人若出卖自己,甘受物的奴役,便会成为这利益之泉中破碎的器皿。

科技文明根源于人心渴望征服与管理各种自然力量;工具的制作、纺织与耕作的技艺、房舍的建造、航海的技术——这一切都在人类的空间环境中不断取得进展。时至今日,空间之物已占据人们的心思意念,影响所及,包括众人的一切活动,即便诸般宗教,也经常受到如此观念的宰制。神祇居住在空间之中,置身于特定所在,诸如群山、众林、或树或石,这些有神祇居住的地方特别被视作圣所。神祇总与某一独特的地点密不可分。"神圣"这个特质被视为与空间之物有所关联,因此,首要的问题是:神祇在什么地方? 人们狂热拥护这个观念,认为上帝就显现在宇宙当中,结果却因此认定上帝只显现于空间之中、而非时间里面,显现于自然、而非历史,仿佛上帝只是物而不是灵。

甚至泛神论的哲学也是一种空间宗教:至高的存在被认为就是无限空间本身。"神即自然"[译2],上帝的属性就是向外延伸的空间,而不是时间。对斯宾诺莎

(Spinoza)[译3]而言,时间仅止是一种偶然运动,一种思维模式。他并且打算以几何学这种空间科学来建构哲学,这意味着他拥有的是一个空间取向的心智。

初民的心智很难不借助于想像力来理解一个观念,而想像力正是驰骋于空间之域。诸神必定有其可见的形像,没有形像的地方就没有神灵。对圣像的崇敬,对圣山或圣所的崇敬,并不只是为多数宗教所固有,更是存在于千代万国的世人心中,不论他是虔诚的人、迷信的人,抑或反对宗教的人。所有的人尽皆不断向国旗、忠烈祠、为君王或民族英雄而立的纪念碑,宣誓他们的忠诚。无论何处,对忠烈祠的侮辱都被视为一种亵渎,使得忠烈祠本身变得如此重要,其所纪念的事物,世人反倒任其遭到遗忘。纪念促成了遗忘,手段取消了目的。因为,空间之物任由世人摆布;纵然这些事物极其神圣而不能被玷污,却无法保证不为人所利用。为抓住神圣的特质,为使神灵永远临在,世人遂塑造神灵的形像。但是,一位可被塑形的神,一位可被局限的神,不过是人的影子罢了。

空间的光辉,与空间之物的华美,在在使我们着迷。物,是一种拖累人心神、宰制我们全副心思的东西。我们的想像力倾向于将一切概念形像化；在每日生活中，我们首要关注于感官所向我们表明之物，关注于眼目所见、十指所触之物。对我们来说，实在就是物性（thinghood），由占据空间一隅的物质所构成；就连上帝也被多数人设想为一种物。

我们唯物是瞻，所导致的后果就是我们看不见整个实在，以致我们无法认出：物只是物，物实际上只是材料。显而易见，当我们这样来理解时间时，那无物性、非物质的时间，于我们而言就好像毫无实在可言。[2]

的确，我们知道如何应付空间，但在面对时间时，非得使之臣服于空间之下，否则我们将手足无措。大部分人辛勤劳动，仿佛只是为着空间之物而作，至终，我们在被迫直视时间的面容时会惊骇不已，受困于对时间深植不移的恐惧中。[3] 我们遭受时间的讥笑，它就像是个老奸巨猾的怪物，张开熔炉般的大嘴，一口口吞噬着人生的每一寸光阴，将之焚烧殆尽。于是，我们在时间面前退缩，逃到空间之物那里寻求荫蔽。我们将自己无力实践的意图寄望于空间之上；于是，财产象征了我们的压抑，庆典象征了我们的挫败。但空间之物无法防火，它们只会火上浇油。难道，拥有财货的喜

悦,足以化解我们对时间的恐惧? 特别是这害怕终究
会变成对那无以逃避之死亡的恐惧。被夸大的物,伪
装成幸福,实际上却是对我们真实生命的威胁;倘若我
们致力于空间之物,这更多是自寻烦恼,而不是得其
护佑。

　　世人不可能躲避时间问题。我们愈多思考,便愈
了解到:我们无法藉由空间而征服时间。我们只能在
时间中掌管时间。[4]

　　灵性生活的更高目标,不在于积存大量信息,而在
于面对神圣时刻。比方说,在宗教经验中,我们所领受
的并不是物,而是一种属灵的临在。[5] 真正能在灵魂里
留下痕迹的,并非行动所经过的场所,而是某个带来洞
察的时刻。这洞察的时刻是个机会,能带领我们超越
物理时间的限制。一旦我们无法感受到时间中这种永
恒的荣美,灵性生活就开始腐化了。

　　我在此无意轻视空间世界。贬抑空间与空间之物
的祝福,也就是贬抑创世大工,而那本为上帝眼中"看
着是好的"。不可单单从时间的角度看世界;时间与空
间彼此关联,忽略任何一方都将使我们陷于半盲之境。
我在此所要抗议的,乃是世人向空间无条件降服,甘为

物之奴仆。我们绝不可忘记：并非物使时间有了意义，乃是时间使物有了意义。

　　和空间相比，圣经谈得更多的是时间；圣经在时间的维度中看待世界。圣经对世代与事件的关注，远多于对列国与物事的关注；圣经更多关心历史，而非地理。为理解圣经的教导，我们必须接受其前提，这前提就是：时间对生命的意义，就算不比空间更重要，但也绝不逊色于空间；时间有其自身的重要性与独立性。

　　圣经希伯来文没有对应"物"（thing）这字的同义字。后期希伯来文用以指"物"的"*davar*"，在圣经希伯来文中则意味着："言语"、"字词"、"信息"、"报道"、"音讯"、"劝告"、"要求"、"应许"、"决心"、"语句"、"主题"或"故事"、"言说"或"表述"、"职务"或"事务"、"行动"、"善行"、"事件"、"方式"、"方法"、"理由"或"原因"；但就是没有"物"的意思。这是因为圣经语言的贫乏吗？还是说圣经的本意就是希望指出一种合乎中道的世界观，提醒我们不可用物性来表达实在（reality；源于拉丁字 *res*，即"物"的意思）？

　　宗教史中最重要的事实之一，就是农业节日转变成纪念历史事件的庆典。古人的节日与自然节气紧密相连，他们在时序变迁中，欢庆在自然生活里所经历到的事情；于是，节日的价值取决于自然带来怎样的物事而定。可是，在犹太教里，却出现了变化：逾越节本是个春季节日，却成为欢庆出埃及的日子；七七节本是在麦子收割的尾声举行的古老收割节（*hag hakazir*，出埃及记二十三 16，三十四 22），却成为欢庆在西乃山赐下律法的日子；住棚节本是庆祝葡萄收成的古老节日（*hag haasif*，出埃及记二十三 16），却成为纪念以色列人在旷野飘流时居住在棚里的日子（利未记二十三 42～43）。对以色列人来说，尽管自然界的循环与我们肉身生命的存活息息相关，但是历史时间中的独特事件，比自然循环中的反复历程，具有更多的属灵意义。当其他民族的神祇关联于处所或物事时，以色列的上帝却是事件的上帝：祂是奴隶的救赎主，是律法书的启示者，祂自己乃是显现在历史事件中，而非显现在物事或处所中。于是，一种对于不具形体、无以思量者的信仰，就这样诞生了。

　　犹太教是个时间的宗教，以时间的圣化为目标。

对于那些空间取向的心智而言,时间是凝滞不变、反复循环、同质无异的,他们认为所有时刻都无甚分别,只是空壳,不具实质;圣经非但不是如此,反倒觉察到时间的多样化特质:没有两个时刻是同样的,每一时刻都是独特的,是在当下那唯一的时刻,是独一无二、全然宝贵的时刻。

犹太教教导我们,如何与**时间中的圣洁**相连、与各种神圣的事件相连,学习如何在一整年的壮丽溪流中,把一个个涌现出来的美丽安息日视为圣殿,尊崇敬奉;换言之,安息日就是我们的大会堂。至于我们最重要的"至圣所",就是赎罪日,这是一个无论罗马人或德国人皆无法焚毁、即便背离了信仰亦无法遗忘的"地方"。据古代拉比所言,并不是因着我们守赎罪日,而是缘于这日子本身,缘于"这日子的本质",人们在其中忏悔,才得以赎回吾人之罪孽。[6]

我们可以将犹太教的礼仪刻画为关于时间之诸般意义形式的艺术,宛若是种**时间的建筑学**。对这礼仪的遵行,像是守安息日、月朔、各式节日、安息年与禧年,大多取决于一日中的特定时刻或一年中的特定时节而定。比方说,"唤祷"(the call to prayer)的仪式,即依循着黄昏、清晨、晌午的时序进行。犹太信仰的主题尽皆寄于时间之域。我们记得出埃及的那日，记得以色列民站在西乃山脚的那日；而我们对弥赛亚的盼望也是在期待一个日子，期待那诸日终结之日。

在一场精心构思的艺术表演中，最为重要的理念或角色不会随便出场，而是像皇室典礼中的君王般，在某一特定时刻、以某种特定方式出场，来显明其权柄与领袖地位。而在圣经里，字词的使用同样是极度讲究的，尤其那些在圣经世界的广阔意义体系中，如火柱般具备引路功能的字词，更是如此。

最著名的圣经字词之一，就是 qadosh（圣/圣洁）这个字；它比其他任何字词都更能表达出上帝的奥秘和尊荣。那么，在世界历史中，第一个被认为是圣洁事物的是什么呢？是一座山吗？还是一座祭坛？

首次出现 qadosh 这一著名字词的，自然是创世记中创世故事的尾声："上帝赐福给第七日，定为圣日。"[7]换言之，qadosh 这个字是被用在时间上；这是一个具有何等深意的做法！事实上，我们在创世记载中再也找不到任何一节经文曾经指出，空间中的事物是可以被赋予圣洁性质的。

这与我们习以为常的宗教思维正好相反。神秘主义者的心灵会期待，在天地获得建立后，上帝会创造一个圣地——无论是圣山或是圣泉——随之在其上建造一间圣所。然而，就圣经而言，天地建造完成后，最先出现的却是那**时间中的圣洁**，也就是安息日。

在历史的开端，世上只有一种圣洁，即时间中的圣洁；直到在西乃山上，上帝之言即将被道出时，才宣告了一种在人里面的圣洁："你归我为圣洁的民。"只有当百姓遭到试探去敬拜物，也就是敬拜那金牛犊后，上帝才吩咐设立会幕，那在**空间中的圣洁**。[8] 首先是时间的圣化，其次是人的圣化，最后是空间的圣化。时间，由上帝使之为圣；空间，也就是会幕，则由摩西使之为圣。[9]

虽然节日所纪念的事件都是发生于时间之中，但是这些节日所举行的日期，仍旧依据着我们生活中的自然事物而定。比方说，逾越节和住棚节总在满月之际庆祝；所有节庆都在某个月份中的某日来举办，而月份则反映了自然界中周期性发生的事情；犹太人的月份便是从朔月开始算起，直到另一轮新月再度出现在夜空中。[10] 相较之下，安息日全然与月份和月之盈缺无关,[11] 安息日的日期并不依凭于任何诸如月朔这类自然事件,而是依从创世的行动。因此,安息日究其本质,乃是彻底独立于我们的空间世界之外。

安息日的意义在于欢庆时间,而非空间。我们一周有六天生活在空间之物的宰制下;但到了安息日,我们试着让自己与**时间中的圣洁**有所共鸣。在这日子,我们被呼召去分享那时间中的永恒事物,被呼召从创世的结果转而关注创世的奥秘,从受造的世界转而关注对世界的创造行动。

The

Sabbath

Its

Meaning

for

Modern

Man

Part 1

1

时间的殿堂

我们应在何处寻觅上帝的形像？空间没有任何特质与上帝的本性等同。众山之巅的自由并不足取，寂静深海的荣耀亦不足道。上帝的形像只可在时间之中找到；时间，乃是乔装了的永恒。

若有人要进到安息日的圣洁里面去,他首先需要放下商业行为的纷扰,放下辛劳工作的重担。此等事物皆是对安息日的亵渎。他必须远离其他日子的不和谐噪音,停止在焦虑和忿怒中贪婪地背叛并窃取自己的生命。他必须告别日常杂务,试着去了解:世界已然被造,且其存续无需凭借世人的作为。一周有六日,我们与世界奋战,压榨大地以谋求好处;但在安息日,我们特别关注那深蕴于灵魂中的永恒种籽。我们的双手为世界所占有,我们的灵魂却另有所属——属于那至高上主。一周有六日,我们企图支配世界;但在第七日,我们尝试支配自己。

当罗马人接触到犹太人,发现他们严格遵守不可在安息日工作的律法,唯一的反应只是轻蔑。诸如尤维纳利斯(Juvenal)[译1]、塞内卡(Seneca)[译2]等人都认为,安息日正是犹太人懒惰的象征。

身为亚历山大城中讲希腊语的犹太人的代言人,斐洛(Philo)[译3]在捍卫安息日时如此说道:"在这日子里,我们奉命不可工作,这并不是因为律法谆谆教诲我们要懈怠……这日子的目的,毋宁是要使人们从无休无止的辛劳中获得放松,并藉由一种具有减轻劳累之效的规律计日系统,来恢复人们的体力,使人们可以在得到更新后重新回到工作岗位上。若能有段喘息的时间,不仅可使一般人重获能力,也能使运动员藉由某种在他们身后的更强大力量,来集结他们的气力,以便能敏捷而有耐力地面对摆在他们面前的每一项挑战。"[1]

然而,斐洛这段关于安息日的叙述,并不是依循圣经的精神,而是依循亚里斯多德(Aristotle)[译4] 的精神。据这位斯塔吉拉人(Stagirite)[译5] 所言:"我们之所以需要放松,是因为我们无法不停地工作。因此,放松不是目的,"放松乃是"为了工作",为了获得气力投入新的活动。[2] 可是,对于服膺圣经精神的人来说,劳动只是通往某一目的的手段。安息日作为休息之日,作为不可工作之日,并不是为了要恢复人们失去的气力,以能面对接下来的劳动。安息日是为生命而设立的一个日子。人不是驮负重担的牲畜,安息日的目的也不在于提高工作效率。"安息日是上帝最后创造的,却最早出现在上帝的心意中",[3] 安息日乃是"创造天地的目的"。[4]

安息日非为工作日而设；工作日反为安息日而设。[5]
安息日不是生活的插曲，而是生活的高峰。

上帝以三个行动标志出第七日：安息、赐福、定为
圣日（创世记二 2～3）。也就是说，在不可工作的禁令
上，还加上了对祝福的欢喜，以及对圣洁的强调。世人
不仅用双手欢庆这日子，也需以嘴唇和灵魂来持守这
日子。我们无法用谈论工作日的方式来谈论安息日。
即便只是与工作或劳动相关的念头，都应该被摒弃。

劳动是技术，完美的安息则是艺术，是身体、心灵、
创造力和谐一致的成果。一个人若要在艺术上有所成
就，便必须接受操练，严禁怠惰。第七日便是我们以灵
魂、喜乐、谨言自持的操练，所建造的**时间的殿堂**。在
安息日的氛围中，操练是种提醒，提醒我们趋向永恒。
尤有甚者，这日子的光辉乃是藉由**禁戒**来表现的，一如
上帝的奥秘更适合透过**否定之道**，在**否定神学**的范畴
中来传递；这神学宣称，我们断然无法言说上帝是什
么，只能言说上帝不是什么。我们的礼仪和行为是何
其笨拙，且经常是如此鲁莽，以至于我们常会觉得，单
单藉由礼仪和行为建造起来的信仰体系是何等贫乏。
如此，除了那远离一切喧嚣的静默之外，还有什么更能

表达那永恒临在的荣光呢？一个人如果真的了解，与王后同处宫中的诸般限制意味着什么，那么，这些看似限制的重重规矩，对他来说实为一首欢歌。

有一个词是很难得听到的，这词所要表达的情感太过深邃，甚至无以言喻。这个词就是"安息日之爱"。我们很少在文献中见到这词，但两千多年来，这词所表达的情感充斥在我们的诗歌与心境中，仿佛以色列百姓全都沉浸在对第七日的恋慕里。"安息日之爱"的主要精神，只能被理解为极致之爱的典型。正如中世纪的骑士诗歌所言："基本守则是，爱情是绝对的。不论是何处境，爱情骑士的每一个念头与行动，都应该完全符合他身为爱情骑士所能有的最激烈的情感、情绪和心思。"

"在吟游诗人与他们的恋人眼里，爱情是喜乐之源。爱情的命令与迫切，形成生命的至高律则。爱情是骑士的义务；爱情是忠诚与奉献；爱情是人类最崇高的礼物；爱情还会激发卓越，鼓舞善行。"[6] 骑士文化创造出浪漫的爱情观，时至今日，伴随着神话和激情，这观念主宰了西方人的文学和心灵。犹太人对爱情理念的贡献，则是在于提出一种爱情观，也就是对安息日之爱，对一个日子的爱，对以时间形式出现的灵的爱。

一个日子何以散发出如此光辉？它有什么宝贵之处，竟可掳获我们的心思意念？原因在于，第七日是个宝矿，可供挖掘属灵的珍贵金属，用以建造时间的殿堂；它也是个独特的维度，在三维空间之外，为人们提供一个家，可与上帝同住其中，并使我们切望更加趋近上帝的形像。

我们应在何处寻觅上帝的形像呢？空间没有任何特质是与上帝的本性等同的。众山之巅的自由并不足取，寂静深海的荣耀亦不足道。上帝的形像只可在时间之中找到；时间，乃是乔装了的永恒。

持守第七日的艺术，也就是在时间的画布上描绘出创世高峰之奥秘庄严的艺术——正如祂使第七日为圣，我们也应戮力于此。我们对安息日的爱，也就是上帝对我们的爱；我们与上帝心怀同一种爱。当我们持守安息日，就是在诠释上帝如何使第七日为圣。

如果没有安息日，世界会是何等模样？那会是一个只认识它自己的世界，一个将上帝扭曲为物的世界，一个与上帝隔绝的世界；这世界将失去永恒向时间所敞开的那一扇窗。

无论再怎样地理想化，安息日都不会有变成童话的危险。无论是如何浪漫的理想化尝试，安息日依旧是一个具体的事实，是一套律法制度和一种社会秩序。它不会成为脱离现实的属灵高调，因为安息日之灵总归是与实际行为、确切的行动和禁戒相呼应。现实与灵性合而为一，就好像肉身与灵魂同归于一位活生生的人一般。安息日律法清理出一条路径，使灵魂得尝安息日之灵的甘美。

这就是古代拉比所感受到的——安息日要求人们全然的关注，以全部的爱来事奉，并专心致志地奉献。此一观念的逻辑迫使人们不断扩大应守之律法与规条的体系。他们力求提升人性本质，使人配得出席此一庄严高贵之日。

然而，律法与爱，操练与喜悦，并不总是水乳交融。古代拉比显然深怕冒犯安息日之灵，因此为那应遵守的诫律设立了高标准；这标准仍在一个崇高灵魂所能做到的范围内，却常常超出一般人所能实行的程度。

不过，对这日的荣耀颂赞，对诫律的严格遵行，都没有使拉比神化律法。"是安息日被赐给了你,而非你被赐给了安息日。"[7] 古代拉比知道,若是过度敬虔,反倒危害律法本质的实现。[8]"据妥拉所言,没有比保存人类生命更重要的了。……甚至当一个人的生命陷入最微不足道的危险中,也值得我们不顾律法的一切禁戒去拯救他。"[9] 我们必须**为了人的缘故**来牺牲诫命,不可**为了诫命的缘故**来牺牲人。毕竟妥拉的目的是"在此世与来世将生命带给以色列"。[10]

不止息的严格限制或许会使我们产生严重的沮丧感,但轻率的举止肯定会戕害安息日之灵。我们不可能用鱼叉来编织精致的花边,也不可能用犁刀来动脑部手术。必须一直谨记于心的是,安息日并不是消遣与轻浮的时刻,并不是放烟火或翻筋斗的日子,而是修补我们破碎生活的契机。安息日是要我们收集时间,而非挥霍时间。劳动而无尊严,此乃痛苦之因;休息而无灵性,则是堕落之源。的确,这些禁戒成功地防止了这日子的光辉被庸俗化。

罗马人向来对两样事物念念不忘:面包与竞技场。[11] 但人不单单靠面包与竞技场而活。谁来教导世人积极渴慕这神圣之日的灵?

安息日是世人从上帝的宝库所领受到最宝贵的礼物。我们整周都在想：灵太遥不可及了，因此屈就于灵性的贫乏。我们顶多如此祈祷：多少差遣祢的灵临到我们吧！但在安息日，是灵停下脚步恳请我们：从我这里领受一切好处吧……

安息日之灵所供应我们的事物极其尊贵，往往是我们肤浅的心灵所无法领会的。我们领受了休闲放松，却又失去这日子的激励启发，对这日子的由来及其所蕴涵的深意一无所知。这就是为什么我们祈求自己能够有所理解：

> 愿祢的孩子领悟并理解，他们的安息乃是从祢
> 而来，而安息正意味着尊祢的名为圣。[12]

当我们守安息日，便是在欢庆这日子的加冕典礼，它是时间中的灵性佳美之地，我们沉浸其间，就"称它为可喜乐的"。

称安息日为愉悦的[13]——对灵魂是愉悦的，对肉身也是愉悦的。因着在第七日有如此多的行为被禁止，"你们或许会认为，我赐给你们安息日，是为叫你们忧

愁；但我赐给你们安息日，的的确确是为叫你们喜乐。"

但使第七日为圣的吩咐，并不意味着你应该禁欲；相反，这所意味的是：你应尽心、尽性、尽意使安息日为圣。"以上好面粉与华美服饰来使安息日为圣；当你欢喜地叫你的灵魂喜乐时，我便为这欢喜奖赏你。"[14]

与赎罪日不同，安息日并不唯独只有属灵的目的。这日子属乎灵魂，亦属乎肉身；安适与欢愉在守安息日时不可或缺。世人需以其全人、全身的感官机能，同享这日子的祝福。

有位遭到俘掳的王子，被迫隐姓埋名，住在粗俗鄙陋的市井民间。年复一年，他满是落寞地怀念他的父王，渴望回到他的祖国。有一天，一封密件送到他手上，原来是他的父亲承诺就要前来带他回到王宫，激励他别丢弃了皇室的教养。这位王子是何等欣喜，他满心热切地想要庆祝这日子。但没有人是可以独自庆祝的，于是他邀集众人来到当地的一家小酒馆，为所有人点了丰盛的佳肴美酒。这是一顿奢华的筵席，大家都满心欢喜——众人是因着美酒而欢喜，王子则是因着回到王宫的期待而欢喜。[15] 同样，灵魂不能独自庆祝,因此必须邀请肉身加入到欢庆安息日的行列中。

"安息日提醒我们两个世界的存在——此世与来世;安息日是这两个世界的范本。因为,安息日乃是喜乐、圣洁与安息;喜乐属于此世,圣洁与安息则归于来世。"[16]

守第七日并不只是严格顺服与遵行上帝的诫命而已。"守"乃意指对创世的欢庆,以及再一次重现那第七日,这日是时间中神圣庄严的一刻,是"一个休息之日,一个自由之日",一个宛如"其他所有日子的主和王"的日子,[17] 是全体时间的主和王。

我们应该如何衡量安息日与其他六日的差异? 比方说,当礼拜三来临之际,那日的每个时辰都只是一张白纸,留待我们赋予意义,否则它们将没有任何特质可言。第七日的时辰却是本身就具有意义;它们的意义和荣美并不依存于任何人所能成就的工作、利益或进度。它们拥有一种庄严之美。

> 庄严之美,得胜的冠冕,休息与圣洁之日……一种
> 在爱与慷慨中的休息,一种真实无伪的休息,一种

生发和平沉静、宁谧安稳的休息，一种全然的休息，这是祢所喜悦的。[18]

时间就像一片荒原，纵然庄严肃穆，却是无美可言。它那陌生而可怕的力量，总是令人惊惧，极少引起欢呼。唯当我们进入第七日，那安息之日带来一种满全的幸福，使我们心醉神迷，怜悯医治我们的创伤。在这日子，各时辰不会彼此排挤。在这日子，一切哀伤皆得抚慰。

任何人，即便是无知或粗鄙之人，莫不深深感受到这日子的美。"就连无知的人也敬畏这日子。"[19]古代拉比认为，要在神圣的安息日说谎，乃是绝无可能之事。

Sabbath，这词的意思究竟是什么呢？据某些人所言，这是那独一圣者的名字。[20]因着 Shabbat 乃上帝之名，我们便不应该在不洁之地称呼它。在不洁之地，妥拉中的语词都不应该被道出。有些人就很谨慎地不妄称 Shabbat 之名。[21]

第七日就像是时间的殿堂，有其统领四域的国度。它不是一个日期，而是一种气息。

每逢安息日，我们并不是进入另一种意识状态，而是进入另一种气氛中，在其间，宛若一切事物都变得有所不同。我们首先发觉的，乃是我们在安息日**里面**，而非安息日在我们里面。我们也许不知道自己的领悟是否正确，不知道自己的情操是否崇高，但这日子的气息围绕着我们，就像甘霖无需人的帮助或提醒，而遍洒大地。

曾经有位拉比对他的朋友说："住棚节是何等宝贵的日子！住在棚里，就连身体也被圣洁的诫命所笼罩。"他的朋友随即评论道："安息日尤有甚之。在住棚节期，你尚会离棚片刻，但安息日却是不论你往何处去，它都围绕着你。"

安息日和其他一切日子的差别，并不是反映在物的物理结构上，也不是反映在物的空间维度中。在这日，物并未改变。仅仅在时间维度上，在万物与上帝的关系上，才有所改变。安息日先于创世并成全创世；它全然就是世界的灵。

这日子使灵魂尊贵，使肉身机敏。有个故事可说明这点。

曾经有位拉比,被迫害他的人监禁在洞穴里,里头一片漆黑,使他日夜不分。最令他感到痛苦的,就是他想到自己此时已无法以诗歌与祈祷欢度安息日,而这却是他从年轻时就有的习惯。此外,他也几乎无法压制住自己想要抽一支烟的欲望,这同样令他痛苦不堪。他不时为自己无法战胜这嗜好感到忧虑与自责,但是,突然间,他感到这欲望顿时消逝无踪,他里面有声音说:"现在一定是礼拜五晚上了! 当我渴望某种安息日所禁戒的事物时,这渴望总是规律地在安息日到来的时刻离我远去。"他欣然起身,大声感谢上帝并称颂安息日。就这样,周复一周,每当安息日来临时,他对抽烟的痛苦渴望便规律地消逝。[22]

这是生命最高的报偿之一,是力量与激励的泉源,使我们可以走过患难、活出高贵的生命。六日工作,第七日休息,彼此协调无碍。安息日是位激励者,其他六日得蒙激励。

经上记着说:"**第七日,上帝完成了祂所作的工**"(创世记二 2;新译本),这经文显得有些令人困惑,经上不是说:"在第七日,上帝歇了祂所作的一切工"吗? 不是说:"六日之内,上主造天、地"(出埃及记二十 11)吗?
我们当然会预期圣经告诉我们的是,上帝在第六日完
成祂的工。对于这个困惑,古代拉比的结论是:显然在
第七日仍有创世之工。一如在六日造了天和地,在安
息日则造了 *menuha*(安歇、安息)。

"在六日创造过后,世界还缺少什么? *menuha*。
安息日出现了,*menuha* 出现了,世界便完全了。"[23]

我们通常以"休息"来描绘的 *menuha* 一语,它的意
思不只是不再卖力劳动,也不只是停止所有的刻苦劳
作。*menuha* 不是一个消极的概念,反倒拥有实在而真
确的积极意义。如果古代拉比相信安息乃是出于一个
独特的创造行动、缺少它世界就不完全,他们必定也认
同安息的积极意义。

"第七日创造了什么? **安稳、宁谧、和平与沉静**。"[24]

我们的内心若顺服圣经,就会明白 *menuha* 就是指
幸福[25]、平静、平安、和谐。当约伯谈到他所指望的死后
之境,他用了与 *menuha* 同一字根的语词。在那里,恶
人止息搅扰,困乏者得享安息。[26] 那是一个没有争斗对
立、没有恐惧怀疑的地方。良善生命的本质就是
menuha。"上主是我的牧者,我必不至缺乏。祂使我

躺卧在青草地上，领我在可安歇的水边（*menuhot* 之溪水）。"[27] 到了之后的年代，*menuha* 已成为来世生命，也就是永生的同义字了。[28]

一周有六个晚上，我们会如此祈祷："护佑我们出入平安"；在安息日的晚上，我们改为如此祈祷："愿祢平安的帐拥抱我们。"在从会堂返家之时，我们低吟：

众平安天使，

愿平安归于你们。[29]

这是第七日在歌唱。一个古老的寓言说道："当亚当看见安息日的庄严，看见它的伟大与荣耀，看见它所赐予万物的喜乐，便为安息日吟诵一首赞歌，宛如是**向安息日献上感恩**。上帝跟他说：你竟向安息日献上赞歌，而非向我、也就是安息日的上帝吗？安息日随即从它的座位上起来，俯伏在上帝面前，说：**向上主献上感恩**，本是应当的。万物也同声应和：赞美祢的圣名、赞美至高者的圣名，本是应当的。"[30]

"天使有六个翅膀，一日一翅，吟咏它们自己的歌；

但在安息日，它们都沉寂下来，因为在这日子，安息日
自己要向上帝献上颂歌。"[31] 正是安息日鼓舞所有受造
物向上主献上赞美。安息日晨间礼拜的颂咏说：

> 赞美上帝，祂在第七日放下所有的工，
>
> 登上祂的荣耀宝座。
>
> 祂为这休息之日穿上美服；
>
> 祂称安息日为喜乐。
>
> 这是第七日的赞歌，
>
> 赞美上帝放下祂的工作休息。
>
> 第七日自己献上赞美；
>
> 这是安息日的歌：
>
> "向上主献上感恩，本是应当的！"
>
> 因此，上帝所造的万物齐来称颂祂。

安息日教导万物那当受赞美的是谁。

2

超越文明

在时间与劳苦的怒海中，有一座宁静的岛屿，可供世人停泊休憩，重拾人性尊严。这岛就是第七日。安息日，我们远离物事、工具、日常俗务的日子，我们与灵连结的日子。

科技文明是人类劳动的产物。科技文明的出现，是源于人类想要获利，为求产制物品而恣意施行权力。当人类无法被大自然的供应所满足，反而致力于与各种自然力量抗衡，以谋求更安全、更舒适的生活，科技文明就诞生了。用圣经的话来说，文明的工作就是治理大地、管理万物。

我们为自己得以在与大自然的战役中屡屡得胜，为取得成功而发明这么多的工具，为能够生产如此丰富的日用品，感到何等骄傲。但是，我们的胜利，同时又像是挫败。即便我们吹响得胜的号角，却沦为双手所作之工的祭品；于是，情况反倒变成：我们所征服的自然力量，已然征服了我们。

我们的文明，是否如许多人向来所相信的那样，正走在通往毁灭的道路上？难道，文明本质上就是邪恶的，有待我们的抗拒与谴责？犹太人的信仰并非抽离此世，而是蕴于此世之内并超乎此世之上。这信仰并不拒绝文明，而是胜过它。安息日这日子让我们学习胜过文明的艺术。

亚当被安置在伊甸园中，负责"修理看守"（创世记二 15）。劳动不只是人类的命运，它还被赋予了神性的尊严。然而，当亚当吃了知识树上的果子后，就被惩罚要劳苦，而不只是劳动："你必终身劳苦才能从地里得吃的"（创世记三 17）。劳动是个祝福；劳苦却是人类的不幸。

作为一个不可工作的日子，安息日非但没有贬低劳动，反倒肯定劳动，将它提升到具有神圣的尊严。第七日不可工作的禁令，乃是跟随在此一命令之后：

六日要劳碌做你一切的工。[1]

"六日要劳碌做你一切的工，但第七日是向上主——你的上帝当守的安息日。"就像我们受命要守安息日，我们也受命要劳动。[2]"要爱上工作……"[3] 六日工作的责任，就像第七日不可工作的责任一样，皆是上帝与人类立约的一部分。[4]

每周分别出一日作为自由之日；在这日，我们不会拿起工具，这些工具原是何等容易转变成带来毁灭的武器；在这日，我们回归自我；在这日，我们远离俗务，脱离外加的义务；在这日，我们停止崇拜科技文明的偶像；在这日，我们不使用金钱；在这日，我们停止与我们的同伴和自然力量进行经济斗争——比起安息日，还有任何制度可以对人类的进步抱持更大的期待吗？

要解决人类最棘手的问题，并非放弃科技文明，而是坚持在某种程度上不受其影响。

面对外在的赐予、身外之物，只有一种合宜的态度——既可拥有它们，又能不依附它们。在安息日，我们生活得好像**不受科技文明影响**：我们首要是禁绝一切旨在重建或改造空间之物的活动。人类征服自然的高贵特权，在第七日被搁置了。

在安息日不可从事哪些劳动呢？据古代拉比所言，包括一切关乎在旷野中建造圣所和供应圣所的必要行动。⁵安息日自身就是我们所建造的圣所，**一个时间的圣所**。

奔波劳碌于戕害生命的兴衰世事，是一回事；仁立拥抱那临在于当下的永恒时刻，是另一回事。

在第七日，我们不再为着生存进行残酷的斗争，而是止息个人与社会层次的一切冲突。这日子意味着人与人、与自然之间的平安，意味着在人里面的平安。在这日,处理钱财被视为一种亵渎;在这日,人们宣告对这世界的头号偶像不为所动。第七日意味着远离紧张压力,从属人的污秽状态解脱,使人在时间之域就任统治者的职位。

在时间与劳苦的怒海中,有一座宁静的岛屿,可供世人停泊休憩,重拾人性尊严。这岛就是第七日。安息日,我们远离物事、工具、日常俗务的日子,我们与灵连结的日子。

当我们在过安息日时,必须满怀"喜悦、恩惠、平安与极致的爱……因为在这日就连地狱中的恶人也可获得平安"。因此,在安息日发怒乃是双重的罪。"当安息日,不可在你们一切的住处生火"(出埃及记三十五 3)。这节经文的意义可作如此诠释:"不可升起纷争之火与怒气之火",[6] 不可升火——即便是义怒之火,也不可以。

我们远离那些藉以进行斗争的日子、令我们痛苦的丑陋事物,寻求安息日作为我们的家乡,作为我们的根源与目的地。在这日子,我们放弃自己粗鄙的追求,恢复自己真实的身份;在这日子,无论我们是有识之士还是贩夫走卒,无论成就高低,皆可领受神恩,作真实的自己。这原本就是一个与社会地位毫无关系的日子。

我们镇日忧心思虑自己是否足够富有、是否事业成功、是否人生达到目标。但有谁会在凝视永恒光谱之一隅时感到忧伤呢? 我们只会震惊于感到如此忧伤的虚空。

安息日并不是让我们为个人事务挂虑的时刻,也不可从事任何会使喜乐之灵有所亏损的活动。安息日并非让我们藉以想起所犯之罪的日子,并非让我们藉以认罪、悔改,乃至为得着慰藉或任何所需要的事物而祈求的日子。这是赞美的日子,而非祈愿的日子。禁食、哭泣、举哀,都应该被禁止。哀悼期若逢安息日,就要中断。[译1] 若有人在安息日探访病人,他应该说:"这是安息日,不可埋怨;你很快就会痊愈。"[7] 一个人不可在第七日辛苦操劳,即使是为服事上帝而操劳,也不可以。[8]

我们为什么不在安息日吟诵十八祝福(Eighteen Benedictions)[译2]呢? 因为上帝赐给我们安息日是为使我们喜乐、愉悦和休息,因此不可在这日染上任何忧虑或哀伤的情绪。若在安息日有病人在屋子里,而我们吟诵"医治有病的人"[译3]这项祝福,那么,即使我们心中谨记安息日的目的,仍会变得更加难过,也更加担忧。同样的,为着相同的理由,在安息日的饭后感恩中,我们要吟诵"愿在休息之日没有哀伤与困扰"。⁹ 在安息日哀伤乃是罪。¹⁰

因为,安息日是个和谐与平安的日子,这包括人与人之间的平安、在人里面的平安,以及人与万物之间的平安。在第七日,世人没有权利去亏损上帝的世界,没有权利去改变事物的状态。这日子对人与**动物**而言皆是休息之日:

> 这一日,你和你的儿女、仆婢、牛、驴、牲畜,并在你
> 城里寄居的客旅,无论何工都不可做,使你的仆婢
> 可以和你一样安息。¹¹

拉多斯克的所罗门拉比(Rabbi Solomon of Radomsk)[译4]到过一座城市,被告知城里住了位老妇人,认识著名的以利米勒拉比(Rabbi Elimelech)。[译5]她老到无法出门,拉多斯克的所罗门拉比就去探望她,

央求她说些关于这位伟大老师的事情。

这位老太太说:"我不知道他在屋子里的生活是如何,因为我只是一位在他家厨房中工作的女仆。我只能告诉你一件事。当时,女仆们整天嬉笑打闹是很寻常的事。可是,每个礼拜都一样,每当礼拜五接近安息日的时候,厨房中的气氛就好像是赎罪日前夕,每个人都被这气氛催促去彼此要求宽恕。我们全都笼罩在一种深邃的情感与内在的平安中。"[12]

因此,安息日不只是休兵止戈,不只是一段插曲。安息日是人与世界之间一种可以深切觉察到的和谐,是与万物的共鸣,是参与在那使尊卑贵贱合而为一的灵里面。世上一切属神的,全都被带入与神的合一中。这就是安息日,就是世界的真实幸福。

"六日要劳碌做你一切的工(出埃及记二十 9)。人类岂有可能在六日之内做他一切的工?我们的工岂不总是没有做完吗?其实,这节经文所要传递的意义是:在安息日要休息,就好像你已经做完一切的工了。另一种诠释是:甚至连你想工作的念头都要停下来。"[13]

　　曾经有个敬虔的人,安息日时他在自己的葡萄园里散步。他看到围篱上有道缺口,便打算在安息日过后将其修补好。不过,当安息日结束之后,他却告诉自己:因为修补围篱的那个念头出现在安息日,所以我就永远都不应该去修补它了。[14]

The
Sabbath

Its

Meaning

for

Modern

Man

Part 2

3

空间的光辉

这故事说的是,在那个悖逆的年代里,有人遭遇可耻的迫害,只因他拒绝颂扬公共空间的光辉……打从一开始,问题所在就不只是罗马的统治,还包括罗马的文明。

且让我们对一个古时的争论作番寓意诠释。

时　　间：约在公元 130 年。

地　　点：巴勒斯坦。

出场人物：三位领袖级的学者，与一位学院外人士。

此时此地，犹太人民乃在罗马帝国的统治
之下。

以来之子犹大拉比（Rabbi Judah ben Ilai）、约细
拉比（Rabbi Jose），以及约哈伊之子西缅拉比（Rabbi
Shimeon ben Yohai）同席而坐，[译1] 还有一人名叫哲林
之子犹大（Judah ben Gerim），[译2] 与他们在一起。犹大
拉比为这场讨论揭开序幕：

"这民族（罗马人）的成就是多么杰出！他们修
筑道路又设立市集，搭设桥梁还建盖澡堂。"

约细拉比不发一语。

约哈伊之子西缅拉比回答道：

“他们所建造的一切都是为了自己。他们修筑道路又设立市集,却充斥着妓女;他们搭设桥梁,是为征收过桥费;他们建盖澡堂,只为取悦自己的肉体。”

哲林之子犹大回到家后,便向父母转述所听到的一切。他所转述的内容最后传到罗马政府那边,于是政府颁布诏令:

“犹大赞扬我们,他应被表扬;约细保持沉默,他应被流放;西缅咒骂我们的成就,他应被处死。”

当西缅拉比听到诏令,就带着自己的儿子以利亚撒拉比(Rabbi Eleazar)藏在学堂里。他的妻子天天来看他,偷偷带来面包和一壶水。西缅拉比听说人们正四处搜索追捕他们,便对他的儿子说:

“我们不能仰赖一位女人的判断力,她很容易被说服。也许她会被刑求,以致透露我们的藏身之地。”

于是他们父子一同逃到野外去,藏在一个洞穴里,从此没有人知道他们的下落。然后,奇迹发生了:洞里长了一棵角豆树,还出现一口水井,所以他们吃喝无虞。他们把衣服脱掉,坐在高及颈部的沙堆中。他们镇日研习妥拉。当祈祷的时刻到来时,他们就穿上衣服祈祷,之后再脱下来埋进沙里,所以他们的衣服一直都没有磨损。他们就这样在洞里生活了十二年。

将近第十二年年终时,先知以利亚来到,他站在洞口大声喊着:

"谁来告诉约哈伊之子:皇帝已死,诏令已废?"

当他们听到这话,便从洞穴出来。他们看见人们在犁田撒种,便大喊:

"这群人竟背弃永恒的生命,投身短暂的人生!"

无论他们看到什么,所看见的事物马上都被他们双眼的熊熊怒火所烧毁。于是有声音从天上说道:

"你们走到洞外是为摧毁我的世界吗? 回到你们的洞穴去吧!"

于是他们回到洞里,又在那里住了十二个月;因为他们说,恶者在地狱受惩罚,也只持续十二个月。

当十二个月将尽时,有声音从天上说道:

"从你们的洞穴出来吧!"

于是他们走出来。无论以利亚撒拉比烧毁什么,西缅拉比都使之复原。西缅拉比说道:

"我儿,对这世界来说,只要我们二人继续研习妥拉就够了。"

当他们离开洞穴,时值安息日的傍晚。他们看到一位老人手上拿着两束番石榴枝，这是一种有着天国馨香的香草植物。

"这些是做什么用的呢?"他们问道。

"它们是为了迎接安息日。"老人回答。

西缅拉比对他的儿子说道：

"你看上帝赐给以色列的诫命何等宝贵……"

在那时刻，他们二人同享灵里的平静。[1]

这故事说的是，在那个悖逆的年代里，有人遭遇可耻的迫害，只因他拒绝颂扬公共空间的光辉。这故事有着非常多隐秘的含义。它象征性地描述约哈伊之子西缅拉比和他的儿子，如何从对世界的恼怒和憎恶（甚至到一个程度，使他们企图实际毁灭那些致力于属世活动的人们），转变为与世界和好。刺激到这两人的，并非历史学家所通常认为的那样，[2] 只是出于某种爱国情操的愤慨，为抵抗罗马帝国的权力——这政府征服并压迫犹太地的百姓。从故事的情节发展来看，愈益明显的是，自从一开始，问题所在就不只是罗马的统治，还包括罗马的文明。当他们在洞穴里度过十二年之后，这问题的范围更加扩大了，不再只是特定文明的问题,乃是一切文明,是尘世生活本身的价值成了问题。

在那时候,正值罗马帝国国力鼎盛的时期。她是世界的霸主,地中海诸国尽皆臣服在其脚下。她的商业贸易远至北方斯堪的纳维亚帝国与东方的中国,她的文明则在科技方面臻于高度的成熟。在帝国各省,随处可见行政机构、工程技术、建筑技艺展现大幅发展的迹象。这是罗马统治者的野心,要藉由设立在帝国各省伟大建筑前的华丽公共纪念碑,表现出那个时代的光辉。那些兴建在许多城市的广场、剧院、竞技场、公共澡堂、引水管与桥梁,经常有着令人惊奇的建造技术。

罗马耸立在她自己的荣耀中,宛若一座"世人与诸神皆为之侧目"的城市。即便在这段时期之后的数个世代,仍有诗人宣称:"即便天堂也不过如此;我们的双眼无法尽览她的广阔,我们的心灵无法尽感她的荣华,我们的口舌无法尽述对她的赞美。"[3] 大型竞技场那慑人的宏伟巨大,万神殿那高耸的拱形屋顶,尤其是图拉真广场(Forum of Trajan),一个辉煌壮丽、无与伦比的建筑,"连诸神都为之赞叹",它们全都高声宣扬罗马帝国的永垂不朽。古人向来认为纪念碑会永远存留,[4] 因而认为把那最宝贵的称号授予罗马,称之为永恒之城,乃是合宜的。[5] 这国家本身成为了崇拜的对象,成为了神祇;而当皇帝展现其王权时,便是在展现这国家的神性。

我们很难不被这伟大帝国的成就所震撼,也无法否认那温和有礼的以来之子犹大拉比,他言及这帝国为各地百姓所带来的好处:"这民族(罗马人)的成就是多么杰出!他们修筑道路又设立市集,搭设桥梁还建盖澡堂。"然而,对约哈伊之子西缅拉比而言,这些成就却是骇人听闻、令人厌恶、极其可憎。他轻视罗马文明那算计与功利的精神。他知道罗马人建造这些辉煌灿烂的宏伟建筑与公共设施,不是为了百姓的福祉,而是为了他们自己邪恶的图谋:"他们所建造的一切都是为了自己。"[6]

当约哈伊之子西缅拉比舍弃这文明世界,在洞穴生活多年,坐在高及颈部的沙堆中时,他乃是放弃尘世生活以获取"永生"。但对压迫他的人来说,这却是一种几乎毫无意义可言的成就。在大部分罗马人眼中,永恒近乎是个属世的概念。灵魂的存续并不在于被带往一种超脱尘世的至福存在;不朽若不是意味着名声,就是意味着一个人即便在死后仍紧紧依存于他的家园，依存于他此世的居所。当西缅拉比离弃家庭时，亦同时离弃那条名声之路，这路乃是致力于属世俗务的人所习于追求的。他逃离这个**以城市代表永恒**的世界，遁入洞穴，在那里寻求得获永恒之道的生命。

罗马人完全不相信死后生命的存在，不相信永恒的幸福或惩罚。[7] 罗马人不会满足于切望如此的信仰。"肉身死去，人格消逝，所仅存的只有众人对逝者之德性与成就的追忆"。[8] "不朽"一语乃是**一个隐喻**，意指已逝之人被世人记住；这隐喻时至今日仍有其魅力，吸引了许多的追随者。西塞罗（Cicero）[译3] 曾向元老院呼吁，应为罗马军团中死于战场的士兵"以最高贵的英姿树立纪念碑"。他说："自然所赋之生命诚然短暂，高贵逝去的生命却属永恒……因此，理当竖立光辉灿烂的雕像，刻上铭文。牺牲将士之名，你们是当受称颂的，无论是看到这纪念碑的人，还是听到你们事迹的人，都不会停止传述他们心中最深的感念。如此，你们不再是必死之人，却是获得不朽的生命。"[9] 他在另一个公众集会的场合说道："全罗马的百姓所授予我的，并不是会随着时日消逝的谢辞，而是永恒与不朽。"[10]

诚然,恰恰正是对何谓永恒的另一种见解,促使西缅拉比离弃此世。这种观念偶或出现在罗马的斯多亚哲学家[译4]的心灵中,也启发塞内卡说道,诸神吩咐我们"预备内心在未来的某个时刻加入他们的阵营,并且筹算达至不朽之计"。[11]

大多数人所渴望的报偿,对约哈伊之子西缅拉比却没有多大价值。他不为尘世之物所迷惑,因为全世界都必然走向败坏。难道在众人中有名声才算永恒?被世人记住又能有什么价值呢?

凡有血气的尽都如草;他的美容都像野地的花

……

草必枯干,花必凋残,唯有我们上帝的话必永远立定。[12]

世界无常,但世界藉以被造的话语——上帝的话语——永远长存。[13]唯当我们奉献一生致力于上帝的话语,奉献一生致力于学习妥拉,才可获得永恒。

时至今日,妥拉作为永恒之源的观念,已深植在我们的祈祷宣告中。当我们献身于妥拉时,便蒙恩预尝永恒的滋味，以致我们一再感恩说："祢是应当称颂的……因为祢赐予我们妥拉……又将**永生**放在我们里面。"[14] 当我们从此世离去而安居于来世时，为正直人的灵魂所预备的，将是何等的福乐！于是我们可以开始了解蕴藏在妥拉中更深层的意义："在此世对人所掩盖起来的事物，将要变得如水晶球般澄澈透明。"[15]

对西缅拉比而言，那些拿时间换取空间的人并不会获得永恒，永恒只属于全神贯注在时间上的人。对他来说，真正的课题不在于**空间**，而在于**时间**；人生的要务所在，乃是将时间转化入永恒，而非使空间充斥着建筑物、桥梁与道路；问题解决之道，在于学习和祈祷，而非几何学和工程学。

4

唯独天国，别无一物？

物是我们的工具，永恒是我们的伴侣；不是远离空间之域，而是致力于空间之物，但仍旧热爱永恒，这就是文明问题的答案。

西缅拉比之所以蔑视俗务，并非出于绝望之情。在他对世俗的率直拒斥背后，我们可以察觉出他对永恒宝藏的渴望，以及他极度厌恶世人竟然浪费人生去追求短暂的生命，而拒绝追求永恒的生命。在他那无尽的渴望中，看不到中庸之道，毫无妥协的余地。学习妥拉的责任（此乃获致永恒之道）对生命的各层面有一种排他性的宣告："这律法书不可离开你的口，总要昼夜思想"（约书亚记一 8）。即便只是懈怠松弛一个小时，都会丧失些许永生，成为一种部分自杀的行为。因此西缅拉比不得不把一切世俗活动都视为罪恶。

与约哈伊之子西缅拉比同时代，一位较年长的著名异教徒阿布亚之子以利沙（Alisha ben Abuyah）^[译1]则抱持相反的看法。深深着迷于世俗希腊文化的他，会造访拉比学校，怂恿学生不要学习妥拉，并促使他们将精力贡献在某种更为务实的志业上：

"出来吧，你们这群懒惰的人，别再浪费你们的光阴了。展开人间的工作吧——你去当木匠，你去当石匠,你去作裁缝,而你去作渔夫。"[1]

西缅拉比弃绝此世,以利沙则深为此世着迷,二人皆表现出一种极端主义,在他们那时代很少引起共鸣。圣洁的以来之子犹大拉比在与西缅拉比的争论中,站在罗马人那一边,反对西缅拉比对世人的极端要求。就其个人实际生活而言,犹大拉比本人极力投身于一种严苛的克己禁欲生活。他说:"我不希望从此世获得丝毫享乐。"[2] 但他对其他人提出的忠告,则是较理想的中庸之道。生活就像是走在两条路上:一条火路,一条冰路。"若你走在火路上,会被烧伤;若你走在冰路上,会被冻僵。那该怎么做呢? 走在两条路中间。"[3]

西缅拉比的观点则是极为不同。"经上记着说:**使你们可以收藏五谷**(申命记十一 14)。这教导要告诉我们什么呢? 既然经上记着说:**这律法书(妥拉)不可离开你的口,总要昼夜思想**(约书亚记一 8),这些字词是可以按照字面意义来理解的(也就是没有时间去从事诸如赚取生计所需的其他活动了);因此才同时有论到过世俗生活的教导说:**使你们可以收藏五谷**。以上是以实玛利拉比(Rabbi Ishmael)的话。约哈伊之子西缅拉比说:人在犁田的时刻犁田,在播种的时候播种,在收割的时刻收割,在打谷的时刻打谷,在簸糠的时刻簸糠,这是有可能的吗？——这样一来,妥拉会变成怎样呢？"[4]

西缅拉比与他的儿子在这故事中显得像是普罗米修斯的对立面。宙斯在一次复仇行动中从世人收回了火种,普罗米修斯则从天神那里偷了出来,藏在一株中空的植物茎干里,带给地上的世人,并教导他们运用技术。为此,他被世人尊崇为文明的奠基者;为此,他也被诸神惩罚,捆绑在巨石上,每日有老鹰来啄食他的肝脏,每夜又恢复原状。[5] 对照之下,西缅拉比可以说是从世人那里拿走火种,责备他们居然致力于耕地的技术。为此,他受到天上声音的告诫,并被惩罚幽禁在洞穴里十二个月。

这故事的尾声却是最教人困惑之处。这两位圣徒在洞穴中耗费十二年的光阴学习与祈祷,维持着对世俗活动的定罪。而后受到天上声音的责备,并在洞穴里历经十二个月的忏悔之后,这位父亲矫正了他对世界的否定。然而,儿子却依然不肯与世界和好,直到他们看见一位"老人"拿着两束迎接安息日的番石榴枝,此一看见给予他们灵里的平静。这看见有何象征意义？它为何可以为那悲剧性的文明问题提供解决之道？

西缅拉比的信条是：唯独天国，余皆不值一晒。但天国却反对他，说道：天国与其他一切事物并存。天国的震怒以响彻云霄的声响表达出来：**你们走到洞外是为摧毁我的世界吗**？西缅拉比所毁斥者，这声音却予以认可。

西缅拉比与他的儿子，并不是在结束第二次的隐居生活、步出洞穴时，就都变得可以接受"与天国相对的此世值得世人勉力耕耘"。究竟是什么使他们改变心意呢？

使他们改变心意的，乃是那位"老人"——他象征以色列百姓——手上拿着番石榴枝出外迎接安息日，好像安息日是**新娘**。

古时候，番石榴是爱的象征，是新娘的植物。当新郎出去邀请他的朋友来参加婚礼时，手上便会拿着番石榴枝。[6] 某些地区的婚礼有祝福番石榴的习俗。[7] 他们会为新娘立起高过头顶的番石榴篷，[8] 新郎则戴上玫瑰或番石榴编织的花冠。[9] 习惯上大家会在新娘面前手拿番石榴枝跳舞。以来之子犹大拉比是约哈伊之子西缅

拉比的同事,我们从他在关乎罗马的争论中的角色可
以得知,他因着将喜乐带给每一位新娘而得到称赞。
他会拿着番石榴枝参加婚礼,在新娘面前跳舞并大喊:
何等美丽优雅的新娘呀![10] 那位在暮光中奔跑迎接安
息日的"老人",手上拿着两束番石榴枝,[11] 将以色列迎
接安息日新娘的观念拟人化了。[12]

对于罗马人而言,科技文明是最高的目标,时间乃
为空间而存在。对西缅拉比而言,属灵生活是最高的
目标,时间乃为永恒而存在。他的释怀意味着:即便全
心奉献在时间性的事物上,仍有天命要拯救以色列民,
这是一种比一切个人理想更深邃的委身——也就是委
身于安息日。

于是,这就是文明问题的答案:不是远离空间之
域,而是致力于空间之物,但仍旧热爱永恒。物是我们
的工具;永恒,也就是安息日,则是我们的伴侣。以色
列与永恒成亲。即使人们一周六日献身于尘世事物,
他们的灵魂仍旧属于第七日。

5

"你是唯一"

在创世圣工完成后,安息日提出抗议说:世界之主啊,祢所造的一切都成双成对;唯独我孤独无伴。上帝回答道:以色列民就是你的伴侣。

容我说个寓言。

起初,时间独一而永恒。但那不可分割、永恒的时间,与空间世界毫无瓜葛。于是,时间划分为七日,进入与空间世界的密切关系中。除了第七日,每一日都有相应的空间事物出现。只有安息日是孤独的,就像是一个国王有七个儿子,赐给其中六位财富,最小的一位则授予尊荣,拥有皇室的特权。六位较长的儿子都像一般人一样寻找配偶,被尊荣的那位却没有伴侣。

约哈伊之子西缅拉比说道——

在创世圣工完成后,安息日提出抗议说:世界之主啊,祢所造的一切都成双成对;一周六日祢皆赐予伴侣,惟独我孤独无伴。上帝回答道:以色列民就是你的**伴侣**。

这应许未尝被遗忘。"当以色列民站在西乃山脚,上主对他们说:'要记得我对安息日说过:以色列民是你的伴侣。'因此:要记得安息日,分别为圣(出埃及记二十8;吕振中译本)。"希伯来文的 *le-kadesh*、"分别为

圣”,用《塔木德》(Talmud)[译1]的用语来说,意指使一位
女性成圣,亦即迎娶。因此,在西乃山上所用的这词,
乃是要使以色列谨记,他们注定要成为这个圣日的新
郎。这是一条迎娶第七日的诫命。[1]

纵有万般光华,安息日却不能满足自己,它的属灵
实在吁求着人的情谊。在这世上,有种巨大的渴望
——六日需要空间,第七日需要人。安息日之灵陷于
孤独可不是件好事,因此以色列命定要成为安息日的
伴侣。

为理解这崭新概念的深意,有必要对那时代的
氛围有所体认。西缅拉比的先祖曾在巴尔·科赫巴
(Bar Kochba)[译2]的领军下,起义对抗罗马强权,为重
获独立并重建耶路撒冷圣殿作出最后的努力。失去
圣所的以色列,在世上显得孤苦无依。可是革命被镇
压了。愈发清楚的是:不可能再谋起义了。空间中的
圣殿已经倾圮许久,但西缅拉比的想法却宣称以色列
并不孤单。以色列其实是与圣洁、永恒缔结连理。此
一连结早在历史展开前就已成形。安息日是一种无人
可使之分离的联系。神所配合的,人不可分开。

当那时候,崇奉罗马皇帝、将他视为神明,乃是官

方的政策。但西缅拉比却颂扬那最抽象的事物:时间,颂扬第七日。犹太传统向来对拟人化深恶痛绝,但在他们的寓言中,却在修辞上将妥拉的智慧拟人化。西缅拉比的大胆之处正在于:他颂扬一个日子,并宣告以色列与安息日的亲密结合。

西缅拉比的观念暗示出,人与灵的关系并不是单方面的,在人与灵之间有一种互惠的关系。安息日不是一种法律制度、心智状态或行为模式,而是灵在世上的历程。当时间开始之际,便存在一种渴望,就是安息日对人的渴望。

藉由约哈伊之子西缅拉比之助,一个伟大观念的光辉乃由一面语词之镜捕捉无遗,它传递出一个民族的天命,以及一个日子的灿烂光华。它不再只是理论;它乃是塑造历史的洞察。它深植在这民族的灵魂中,每一世代的人民都透过他们的思想、诗歌与习俗将它表现出来。

在西缅拉比稍后的两代,便对欢庆安息日有了新的基调。大约在第三世纪中叶,著名的学者们在说到安息日时,并没有将它视为一种浮光掠影般闪逝而过的抽象时间。相反的,这日子乃是活生生地临现眼前。

当安息日来临时,仿佛是位宾客来拜访他们。诚然,当一位宾客带着友好与敬意前来造访,自当获得接待。雅拿伊拉比(Rabbi Yannai)甚至说过,他的习惯是在安息日黄昏穿上长袍,自己对着那位轻盈飘逸的宾客说:"噢!来吧,新娘。噢!来吧,新娘。"[2] 论到当时另有一人,即伟大的哈尼拿拉比(Rabbi Hanina the Great),我们知道,当安息日黄昏日落之际,他会穿上华美的长袍,有可能是在他的朋友面前,热烈狂舞[3] 并喊道:"来吧,让我们出去迎接安息日王后。"[4]

安息日有两个面向,一如世界也有两个面向。安息日对人而言意味深长,亦对上帝意味深长。它同时与二者有关,是二者所展开之约的记号。这记号是什么?上帝已使这日为圣,而人必须一再使之为圣,以他的灵魂之光照亮这日。安息日固然藉由上帝的恩典成为圣洁,但仍需要世人所赋予它的圣洁。

安息日对上帝而言意味深长,因为除了安息日,在我们的时间世界中即无圣洁可言。在讨论"到第七日,上帝造物的工已经完毕"这句经文的意义时,[5] 古代拉比主张,第七日仍有创世的行动。因为,六日若未在安

息日达到高峰,这世界就仍不完全。哲尼巴(Geniba)
与拉比们讨论到这点。[6]哲尼巴说:这就像是一位国王
建造新房,抹上灰泥、画上图案、妆点布置;现在,新房
还缺少什么呢?还缺少一位新娘进入其中。同样的,
这世界还缺少什么呢?还缺少安息日。拉比们说道:
想像一位制造权戒的国王——他还缺少什么呢?还缺
少一枚戒指上的印章。同样的,这世界还缺少什么呢?
还缺少安息日。[7]

　　安息日就像是一位新娘,欢庆安息日就像是进行
一场婚礼。

　　"当我们在安息日学习米大示(Midrash),[译3]就像
是在亲近新娘一般。正如同当新娘来就近她的新郎
时,是何等可爱、动人而芬芳,当安息日就近以色列时,
亦是何等可爱而芬芳,正如经上记着说:*第七日便歇了
工休息了*(出埃及记三十一17;新译本),而我们马上又
读到:*而上主交给摩西 kekalloto*(*kekalloto* 意指'当他
完成',但亦可意指)作为他的新娘;[8][译4]这教导我们,正
如新娘是可爱动人的,安息日也是可爱动人的;正如新
郎穿上他最好的衣裳,在安息日的人们也穿上他最好

的衣裳；正如人们在婚筵时镇日欢庆，人们也要如此欢庆安息日；正如新郎不会在大婚之日工作，人们在安息日也不工作；因为如此，贤士与古代圣人才称安息日为新娘。"

　　"对此，从安息日的祈祷文可略知一二。在礼拜五的晚祷中，我们说：*你已使第七日为圣*，意指新郎迎娶了新娘（'分别为圣'在希伯来语中正是用于婚姻）。在晨祷时我们说：*摩西因（安息日的）礼物欢喜快乐*，就像是新郎与新娘共同欢喜快乐一般。在附加的祷词中，我们提到*两只羔羊、上好的细面作为素祭、调油与酒*，这些即指婚筵上所用到的肉、酒与油。（在这日子的最后时刻我们说）*你是唯一*，则指新娘与新郎合而为一的新婚之夜。"[9]

6

日子的同在

安息日乃是上帝之临在于世,向世人的灵魂敞开。世人的灵魂拥有在爱

慕中回应这召唤的可能,进到与这神圣之日的团契中。

这些称号究竟是为了欢庆什么呢？乃是为欢庆时间，一种最无形、最不具实体的现象。当我们欢庆安息日，正是在欢庆某种不为我们所见的事物。无论称它是王后或是新娘，都只是要指出：安息日之灵乃是实在的，而非一段空洞的时间间距，只供我们选择拨冗专事享受或恢复精力之用。

拉比们是否将安息日想像成一位天使，或是一位属灵的人？[1] 宗教思维不能紧密仰赖幻想的力量。不过，安息日的隐喻式概念并没有神化第七日，也没有造成视安息日为天使或属灵人物的危险。没有任何事物可以横立于神人之间，就连一个日子也不行。

安息日作为王后或新娘的观念，并不代表某种可被想像出来的心理图像。在我们的心智中，并不存在一幅图像可以匹配这隐喻。它也永远无法固着为特定的概念，可供我们藉以进行逻辑推演，或是将它提升为教义，成为信仰的对象。正是那位欢庆安息日为王后的哈尼拿拉比，在另一个场合却偏爱将安息日比拟为

君王。²

　　如果我们认为，古代的拉比是在尝试将安息日拟人化，以表达出他们心中的某种形像，这实在是过度简化的想法。将时间拟人化，和称之为"王后"或"新娘"，其间差距之大，就像是精准估算万物之总和，以及将万物泛称为"世界"之间的差异。拉比们并不相信，第七日具有人类的属性，拥有任何形貌或面容；他们的观念并不至于沦为一种针对可见事物或表面意义而进行的圣像学研究。他们甚少冒险去过度珍惜"王后"或"新娘"这些可爱的用语。这并不是因为他们缺乏想像力，而是因为他们所切望去传递的，乃是人类的心智所无法形像化、语言所无法道出的。

　　对我们大部分人而言，身为人类，已然立于存有之巅、实在之峰。我们会认为，拟人化乃是一种荣耀。然而，我们当中有些人岂不是偶尔也会明白，人并不是至高无上的。将一种灵性实在加以拟人化，实际上是否是贬低了它？拟人化既是扭曲、也是贬抑。在这世界上，人类为数众多，安息日却只有一个。

　　以安息日作为"王后"或"新娘"的观念，并不是要将安息日拟人化，而是以具体的例子表达出上帝的一种属性，说明上帝需要人类的爱；它要表达的并不是某种实体，而是上帝的同在，是祂与人的关系。

如此一种隐喻式的称谓，其重点不在于陈述事实，而是要表达出一种价值，将安息日之作为安息日的珍贵之处形诸语词。持守第七日，不只是在技术上履行诚命。安息日乃是上帝之临在于世，向世人的灵魂敞开。世人的灵魂拥有在爱慕中回应这召唤的可能，进到与这神圣之日的团契中。

第七日既是令人极度喜爱，却也是满有威严——它是我们全心敬畏、关注与爱的对象。礼拜五的晚上，当安息日即将占有这世界时，世人的心思、他们的全副灵魂与话语，皆无可自拔地陷于战栗与喜悦之中。我们可以描述出在那里的究竟是什么吗？对于那些并未流于粗俗的人来说，对于守护自己的语词免受污染的人来说，"王后"与"新娘"这样的用语，实在是表达出一种威严，并且，这威严调和了静候爱慕者的慈怜之感与纤纤纯情。

以安息日为新娘的观念，被以色列保存了下来，这就是在会堂中吟唱的《吾爱请来》(*Lechah Dodi*)的主题。就连祝圣酒的仪式亦依据这观念来解释，正如婚礼的仪式是透过一杯酒完成的，所以安息日亦为"进入内室(*hupah*)的新娘"。时至今日，礼拜六的晚餐就被称作**"王后的护卫"**。

"人们之所以将守安息日的时间延长到礼拜六晚上的部分时光，缘于他们要感谢，以及表达他们是何等不想看到这位神圣宾客的离去。她的离开引起人们深深的叹息。这就是为什么人们要挽留她，带着极大的爱慕之情，以诗歌与赞美陪伴她离去……一如米大示所言：这就好比一位新娘或王后受到诗歌与赞美的护送。"[3]

礼拜五的晚祷名为 *kabbalat Shabbat*。这词组意味着什么？*kabbalah* 一词意指履行义务的一种行动，在这个意义上，这个词的内涵有其严格限定。不过，*kabbalah* 的动词形式也可意指：接待、欢迎、迎接。[4] 第一种意义乃用于律法；第二种意义则用于人。问题在于，*kabbalah* 这个词要在何种意义上应用于安息日(*Shabbat*)呢？

中世纪的文献已说过，*kabbalat Shabbat* 一语只适

用于第一种意义，意指一种履行休息之义务的行动，[5]
以安息日为一段停止工作的时刻。然而，可资证明的
是，在更早的时期，这词组曾用于意指欢迎或迎接安息
日。[6] 如此，*kabbalat Shabbat* 究竟所指为何？

　　答案是：二者皆然；它兼有律法的意义与属灵的意
义，这两种意义彼此不可分离。安息日的独特之处就
反映在 *kabbalat Shabbat* 这词组双重意义的交织中，既
意味着承认安息日的权柄，亦意味着迎接这日的到来。
安息日既是王后，也是新娘。

The

Sabbath

Its

Meaning

for

Modern

Man

Part 3

7

永恒寓于一日

当安息日穿山越野,临在于世人家中,临在于我们心中,人们齐集迎接
这充满惊奇的第七日。这是我们灵魂中那沉睡的灵性得着苏醒的时刻。

周中的六日，安息日之灵陷于孤独之境，被人所漠视、舍弃、遗忘。世人竭力工作，满怀苦恼，深陷焦虑，全然无心于那超脱凡尘的美丽事物。不过，安息日静候世人的投身。

然后，第六日来到。焦虑与紧张不再，代之以一种兴奋感，等待那即将发生的重大事件。安息日尚未临到，但它即将来到的念头，却处处搅动我们的心思，使我们满溢激昂热切之情，以预备我们配得领受这日。

"每一个人，都应该要非常、非常热诚地预备安息日的到来，机敏勤奋得就像是有个人听到王后要来借住他家，或是新娘和她的送亲队伍要来到他家一样。这人会做些什么呢？他会大大欢喜，宣告说：'她们居然光临舍下，对我是何等大的荣耀啊！'他会对仆人说：'整理屋子，打扫清理一番，预备好床铺来迎接她们的到来，而我要去采购面包和大鱼大肉，所有可以用来欢迎、庆贺的食物。'即使这人有一千个仆人，他仍会亲自殷勤预备安息日的餐点。"

"此刻,还有何人能比这位既是新娘又是王后的安息日更伟大呢? 还有何人能被称为可喜爱的? 屋主自己理当乐此不疲,亲身忙碌于各样事务的预备,即使他有一百个仆人亦是如此。"[1]

"以来之子犹大拉比守安息日的方式是——当安息日的晚上,会有个装满热水的水盆端到他面前,他洗过脸和手脚后,就裹上有穗的亚麻外袍,活像是万军之上主的天使。"[2]

"老哈姆努纳拉比(Rabbi Hamnuna the Ancient)[译1]常在礼拜五下午到河中沐浴,当他从河中起身后,习惯在岸边休憩片刻,喜乐地抬起双眼;他会说,他坐在那里,是为了看见天使上上下下的喜悦情景。他说,每当安息日来临时,世人便被带往属灵的世界。当他觉察到他的上主的奥秘时,是沉浸在何等的幸福中。"[3]

当一切工作停歇,于是点亮蜡烛。正如创造伊始乃有此言:"要有光!"所以,对创造的欢庆也以点亮烛光开始。主导全家气氛的,乃是那欢喜接待并布置最精致的象征摆设与烛光的女主人。

这世界就这样成了一个安憩的所在。这时刻来到，就像是位向导，提升我们的心灵超脱凡俗之见。当安息日穿山越野，临在于世人家中，临在于我们心里，人们齐集迎接这充满惊奇的第七日。这是我们灵魂中那沉睡的灵性得着苏醒的时刻。

在安息日，我们获得复苏及更新，盛装打扮，烛火摇曳在无以言喻的期盼和直观永恒的光影中。我们中间有些人会陷入某种情感里，仿佛他们衷心想要诉说的一切，都蒙上一层面纱。我们的灵魂不够庄严，以致无法言说时间与永恒的结合。我们应会渴望为所有人、所有世代歌唱。有些人吟唱那最伟大的歌中之歌：**雅歌**。在他们的吟唱中，流露出何等古老的爱慕之情，显露出何等丰富的灵魂宝藏！这是为上帝而唱的爱歌，是热情洋溢的欢歌，是感伤而满载温情的歉语。

　　求祢将我放在祢心上如印记，

　　带在祢臂上如戳记。

　　因为爱情如死之坚强，

　　嫉恨如阴间之残忍；

　　所发的电光是火焰的电光，

　　是上主的烈焰。

爱情,众水不能熄灭,

大水也不能淹没。

若有人拿家中所有的财宝要换爱情,

就全被藐视。

有种思想在市集传扬,有种歌声在风中回荡,有种喜乐在林间弥漫。安息日惠临此世,在夜晚的寂静中散播它的歌声:永恒寓于一日。还有什么语词可与这声音的能力匹敌?

上主的声音发在水上⋯⋯

上主的声音大有能力;

上主的声音满有威严⋯⋯

树木也脱落净光:

凡在祂殿中的,都称说祂的荣耀。

让我们全都出去迎接王后,向新娘唱情歌。

来吧,亲爱的,来会见新娘!

让我们出去迎接安息日!

锡安倾圮,耶路撒冷化为尘埃。一周下来,只剩下对救赎的盼望。但当安息日进入此世,世人为那实际拯救的时刻所触动,宛如是弥赛亚之灵揭露大地之面。

> 王的圣所,皇城,起来!
>
> 从倾倒中兴起吧。
>
> 你们居住在流泪谷已够久了……
>
> 抖掉你们的尘埃,起来!
>
> 穿上你们荣美的外衣,我的子民……
>
> 不要羞愧,也不要骚乱。
>
> 你们何竟丧志?
>
> 你们何竟悲叹?
>
> 我的子民中被苦待的,将在你里面得荫庇;
>
> 城市将在古老的原址获得重建……
>
> 你们的上帝将为你们感到欢喜,
>
> 就像新郎为他的新娘感到欢喜一般。

在最后一句诗节之前,会众起身面朝西方,象征迎接那不可见的贵宾。他们全都低头欠身,以示欢迎之意。

> 为平安而来吧，上帝的冠冕，
> 带着喜乐与欢愉而来吧，
> 来到大有信心的宝贵之民中间……
> 来吧，亲爱的，来会见新娘！

安息日之来到，像是一种抚慰，抹去恐惧、哀伤与黯淡的记忆。总是在夜里，才开始出现喜乐；总是在夜里，美丽充盈的灵才惠临我们这必朽的身躯，停驻不去。

我们不知道该怎么说才能献上我们的感恩：

> 你以智慧大开天门……
> 你变动时代……
> 你在光明来到前驱走黑暗……
> 你划分日夜……

但有某种事物较世界的奇迹更伟大，那就是灵。在祂的世界中，我们感受到祂的智慧；在祂的灵中，我们看到祂的爱。

祢以永恒之爱爱以色列家，

妥拉、诫命、律法、典章，祢已教导我们。

愿祢永不取走祢对我们的爱。

于是，我们再次听闻摩西的话语，促使我们学习如何接受这神圣之爱：

你要尽心、尽性、尽力爱主

——你的上帝。

于是，我们读到上帝的话语：

记念遵行上主一切的命令，

不随从自己的心意、眼目行邪淫。

我是主——你们的上帝，

曾把你们从埃及地领出来，

要作你们的上帝。

我是主——你们的上帝。

回应则是：

这一切都千真万确。

祂是主——我们的上帝，

除祂以外，再无别神，

我们以色列是祂的百姓。

倘若我们的灵足以理解祂的权能，便可住在祂的国度中。但我们心智软弱，分裂了我们的灵。

求祢荫庇我们，作我们平安的藏身处，

愿祢以善良的旨意引导我们……

为祢名的缘故拯救我们。

8

直观永恒

世界在创造的六日中成形，但其存续却有赖于第七日的圣洁。统治自然之历程的法则是伟大的，但没有圣洁，就不会有伟大，也不会有自然。

认为安息日与永恒本为一，或谓两者具有相同的本质，这乃是一个古老的观念。[1] 有个传说提到，当上帝将妥拉赐给以色列的时候，祂对他们说："我儿！若你们领受了妥拉，遵循我的诫命，我便将我的宝藏中最珍贵的事物永远赐予你们。"

以色列问道："如果我们顺服祢的律法，祢要赐给我们怎样的珍宝？"

"来世。"

"就在此世向我们显明一个来世的例证吧。"

"安息日就是一个来世的例证。"[2]

一个古老的传统宣称："此世安息日所具备的神圣性，也就是来世的特质……安息日所拥有的神圣，也就是来世所拥有的神圣。"[3]

约哈伊之子西缅拉比的老师亚基巴拉比（Rabbi Akiba），表达出同一种观念。"利未人在耶路撒冷的圣殿中，习惯上要为一周中的每一日吟咏特别的诗歌。第一日他们唱《全地属乎上主》，第二日他们唱《上主被尊为大》……等等。在安息日,他们则唱《一阙诗篇:安息日之歌》;这是一首诗篇,是为了将临之时刻而唱的诗歌,那日子会是全备的安息日,我们都将安憩在永恒的生命中。"[4]

作为全备安息日的那日子,其本质是什么呢?在那时刻,"既不吃喝,亦无俗务;只有义人坐在王位上,有冠冕戴在他们头上,沉浸在上帝临在的光辉中。"[5]

据《塔木德》所言,安息日乃是 *me'en 'olam ha-ba*,意指:**宛若**永恒或来世的**某种事物**。认为我们经验到生活中的第七个部分有如天堂一般,这观念对外邦人来说是个耻辱,对犹太人而言则是启示。不过,在克拉斯纳的哈伊姆拉比(Rabbi Hayim of Krasne)看来,安息日不只是永恒之一隅。对他而言,安息日乃是永恒的源头(*ma'yan*),生发天堂及来世生命的泉源。

除非一个人可以在此生尚存之时,便学会品尝安息日,除非他可以初步懂得如何评估永生的价值,否则他将无法在来世享受永恒的滋味。若有人在到达来世时却对品味永恒感到生疏,或是当他被领到天堂,却没有能力品尝安息日之美,那将是多么悲哀的一件事……[6]

犹太传统虽然没有为我们提供永恒概念的定义，但这传统告诉我们如何体验永恒的滋味，如何体验时间中的永生。永生对我们并非遥不可及，永生乃是"深植我们里面"[7]且超越我们的。因此，来世不只是身后之事，在灵魂离开肉身之后才见其端倪。来世的本质，即是安息日之永恒；时间中的第七日，即是永恒的样本。[8]第七日有着第七重天的味道，使我们得以预尝来世的滋味——它是"永恒的记号"（*ot hi le-'olam*）。[9]

有个故事说道，一位拉比曾经在梦中进入天界，他获准进入天堂的圣殿，在那里，《塔木德》的大师坦拿因（Tannaim），正在度过他们的永生时光。他看到他们只是围坐在桌子旁研习《塔木德》。这位失望的拉比感到很纳闷："天堂就只是这样吗？"但在刹那间，他听到一个声音说："你错了。并不是坦拿因身在天堂，乃是天堂在坦拿因里面。"

哲学可从圣经学到许多东西。对哲学家来说，善是最崇高的观念。但对圣经而言，善的观念是次要的，若没有圣洁，就无善可言。善是基底，圣是巅峰。六日中所创造出来的事物，祂视之为善；对第七日，祂则使之为圣。

在犹太教的信念里，对人的终极二分，不是灵与肉，而是圣与俗。我们长久以来已然深陷俗务之中，惯于认为灵魂不过是会自行运作的机械。安息日的律法，正尝试带领肉身与心灵进到圣洁的维度，并教导我们，世人不仅处于与自然的关系中，亦处于与自然之创造者的关系中。

何谓安息日？安息日就是化身为时间的灵。我们的肉身属于空间；我们的灵，我们的灵魂，则飞升入永恒，昂扬于圣洁。安息日乃是向山巅爬升的路径。它给予我们机会去圣化时间，去提升善到达圣的层次，去注视圣洁而摒弃凡俗。

若有人认为灵只是人心中的观念，或认为上帝不过是诸物中之一物，那么，当他在面对化身为时间的灵及永恒时，都会产生某种荒谬的感受。相对的，若有人明了上帝至少与我们已知的宇宙一样伟大，明了灵乃是我们必须谦卑参与其中的无尽历程，他将理解灵在时间中的特定时刻被揭示意味着什么。这种体会就是：我们必须被时间的奇迹所震慑，才能开始觉察永恒在某一独特时刻的显现；我们的生活与行动，都必须表现得像是所有的时间都仰赖某一独特的时刻一般。

我们习惯于认为:大地是我们的母亲,时间是金钱,利益是我们的伴侣。但第七日提醒我们:上帝是我们的父亲,时间是生命,而灵才是我们的伴侣。

有一个物的世界,还有一个灵的世界。安息日是灵的缩影,仿若在这日子中,灵之缩影的所有元素都齐备了。

正如这物质世界并不依靠人的权力而存在——它就是存在于此——灵的世界也不依赖人的心智而存在。安息日并非因为人的恩惠而成为圣洁,乃是上帝使第七日为圣。

用圣经的语言来说,世界在创造的六日中成形,但其存续却有赖于第七日的圣洁。统治自然之历程的法则是伟大的,但没有圣洁,就不会有伟大,也不会有自然。

9

时间中的圣洁

一位中世纪的贤士宣称：以六日创造的世界，乃是一个没有灵魂的世界；在第七日，世界才被赋予灵魂。

空间中与自然中的圣洁,是其他宗教所熟稔的。犹太教教导的新意在于,圣洁的观念渐渐从空间转移至时间,从自然领域转移至历史领域,从事物转移至事件。物质世界里一切固有的神圣性皆被除去。[1] 自然中不再有神圣的动植物。一物要成为神圣,必须出于人类有意识的圣化行动。圣洁的性质并未蕴藏在物质的本性中。对物而言,领受一个圣化的行动,被保守在与上帝的关系中,乃是何其宝贵之事。

对时间的强调,在先知的思想里,是个具有主导地位的特质。对先知来说,"上主的日子"远比"上主的殿"更加重要。

世人分裂为诸国万邦。而当时间中的那时刻——在弥赛亚来临而终结的时刻——到来之际,从人这儿取走的事物,也就是巴别塔,将归还给人。此乃对弥赛亚之日的异象,在其中,全人类复归于一的盼望终于成真。[2]

十诫里并未提及任何圣地。相反的,在西乃山的事件后，有话告诉摩西：“凡记下我名的地方，我必到那里赐福给你”（出埃及记二十 24）。当人民意识到神圣性并不受限于特定的场所时，会堂便得以兴起。圣殿只存在于耶路撒冷，会堂却散布在每一个乡镇。祈祷有固定的时刻，却没有固定的地点。

在圣经中，地上没有任何事物、任何场所，足以靠自身成圣。即便是应许之地，那处提供建造唯一圣所的所在地，也从未在摩西五经里被称为圣，亦未在摩西的时代被判定为圣或指称为圣。有超过二十处相关经文说的是：“主祢上帝所选择的地方”。[3]

数代之后，这地已不为人所知。但是，大卫王满心火热地想为上主建造圣殿。“王住在自己宫中，上主使他安靖，不被四围的仇敌扰乱。那时，王对先知拿单说：‘看哪，我住在香柏木的宫中，上帝的约柜反在幔子里。’”[4]

诗人在论到大卫的热切心志时吟诵道：

上主啊，求祢记念大卫
所受的一切苦难！
他怎样向上主起誓，

向雅各的大能者许愿,说:

我必不进我的帐幕,

也不上我的床榻;

我不容我的眼睛睡觉,

也不容我的眼目打盹;

直等我为上主寻得所在,

为雅各的大能者寻得居所……[5]

正是在上帝对大卫祈祷的回应中,我们得知圣殿的所在。

因为上主拣选了锡安,

愿意当作自己的居所,说:

这是我永远安息之所。

我要住在这里,因为是我所愿意的。[6]

这地之所以被拣选,不是因为它天生具有任何超自然的性质,而是因为有人为它祈求,上帝也喜悦它。[7]

圣殿成了圣地,但其神圣性并非自行赋予的。它的神圣性固然获得建立,但先知已然意识到空间中的神圣性的悖论。

敬虔的以色列百姓会如此唱道：

我们要进祂的居所，

在祂脚凳前下拜。[8]

但先知却宣告：

上主如此说：

天是我的座位，

地是我的脚凳；

你们要为我造何等的殿宇？

哪里是我安息的地方呢？[9]

如果上帝是无处不在的，便不是只存在于某处。如果上帝创造万物，世人该如何为祂创造某物？[10] 直到今天，我们仍在安息日礼拜中如此吟唱：

祂的荣耀遍满全地。

祂的天使彼此问道：

何处是祂的荣耀之地？

　　古代拉比分辨出圣洁的三个面向：上帝之名的圣洁、安息日的圣洁，以及以色列的圣洁。[11] 安息日的圣洁优先于以色列的圣洁。[12] 以色列地的圣洁则源于以色列民的圣洁。[13] 在他拉的年代，甚至在族长的年代，土地都还不是圣洁的。乃是当人民在约书亚的领导下进入应许之地后，那地才由人民予以圣化。土地是由人民使之为圣，安息日则由上帝使之为圣。安息日的神圣性不同于节日的神圣性。节日的神圣性仰赖人的行动；乃是人确立了历法，并因此而决定节日要在一周中的哪一日来临。倘若人们无法确认新月之始，便无法记念逾越节。至于安息日，则有所不同。即便世人抛弃了安息日，她仍保有其圣洁，[14] 而且圣洁的所有层面都仍然在奥秘中彼此紧密相连。[15]

　　透过安息日的记念方式，便彰显出时间中之圣洁的意义。在持守安息日时，并不要求任何仪式性的物品；对大多数的节日而言，这类物品在守节上是基本的，举例而言，像是无酵饼、羊角号、棕榈枝、香橼果、帐棚等等。[16] 但在安息日，就连象征约的经匣，本应整个礼拜都展现出来的,都被省略了。象征是多余的,因为安息日自己就是象征。

"安息日全然圣洁。"[17] 安息日本质上不要求任何事物,以使世人的灵魂得以领承更多的灵性。因为安息日"保守所有的灵魂"。[18] 这是诸灵的世界——灵化身为时间。我们在《塔木德》中看到,所有的贤士都同意,每周当中的第一个节日,也就是赐下妥拉的日子,乃是安息日。[19] 的确,这是唯一一个上帝的话语可赐下予人的日子。

每一个第七日都发生一个神迹,就是灵魂苏醒,其中包括人的灵魂与万物的灵魂。一位中世纪的贤士宣称:以六日创造的世界,乃是一个没有灵魂的世界;在第七日,世界才被赋予灵魂。这就是为什么经上记着说:"第七日便安息舒畅(*vayinnafash*)"(出埃及记三十一 17);*nefesh*,即意指灵魂。[20][译1]

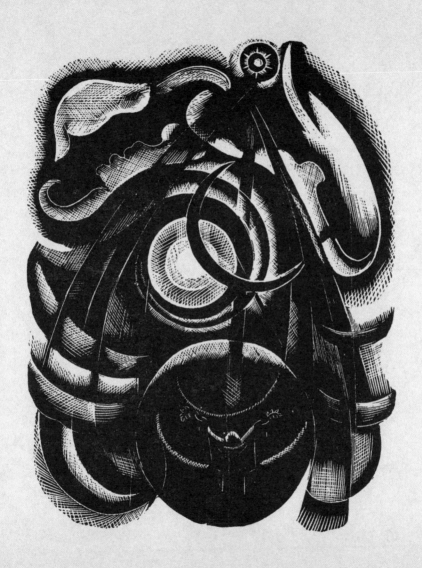

10

务要贪恋

生活是朝向第七日前进的朝圣之旅；我们在周间的每一天，所怀抱着对安息日的渴望，正是我们在生命中的每一天，怀抱着对永恒安息的渴望的一种形式。

被拣选之日的圣洁,并非某种需要我们加以凝视并谦卑远避的事物。这并非**远离**我们的圣洁,而是降临我们的圣洁。"**你们要守安息日,因为这是给予你们的圣日**"(出埃及记三十一 14;吕振中译本)。"安息日加添圣洁给以色列。"[1]

安息日所赋予世人的,乃是真实、几乎可以察觉得到的事物,宛若是道光,在人里面照耀,并从人的面容散发出去。"上帝赐福给第七日"(创世记二 3):"祂以人的面光来赐福第七日:人的面光在周间与在安息日是有所不同的。"[2] 这是约哈伊之子西缅拉比所观察到的。[3]

根据拉基许之子西缅拉比(Rabbi Shimeon ben Laqish)所言,在安息日,有某种事物临到世人。在安息日的傍晚,上主赐予人 *neshamah yeterah*,而在安息日结束之际,祂便收回这灵。[4]

Neshamah yeterah 意指"加添的灵"(additional spirit),它通常被翻译成"加添的灵魂"(additional soul)。但这词的严格意义是什么呢?

有些思想家主张, *neshamah yeterah* 这语词象征性地表达出:我们的灵命、或是所享受到的舒适自在,乃在安息日有所增添。[5] 其他思想家则相信,有一种实际的属灵实体,也就是第二个灵魂,在第七日被赋予在人里面。"在这日,世人被赋予一种额外、超然的灵魂,一种全然成全、符合来世之典范的灵魂。"[6] 这是"圣洁的灵,栖居在人身上,以冠冕妆扮他,这冠冕宛若天使的冠冕",是按每个人的属灵成果来决定的。[7]

《光辉之书》(*Zohar*)透露出,超然的灵魂离开天界,进入必朽之人的生活一日之久,是为了属灵的目的。在每一次安息日结束之际,超然的灵魂归回天界,便一同在圣洁君王的宝座前聚集。那位圣者询问这些灵魂:当你们去到底下的世界时,对于你们已领受的妥拉智慧有何新的洞见? 这些灵魂是何等欢喜,因为得以在上帝面前讲述第七日期间世人所达致的洞见。[8]的确,若这些灵魂在上帝面前,却无话可说,保持沉默,那将是多么困窘的场面。

有个古老的传说告诉我们,远在创造的太初所造的光,与日月星辰散发出来的光是不一样的。创世第一日的光,是种可以使人一眼纵览世界直到地极的光。因着世人不配享有这光的恩福,上帝便将它隐藏起来;但在来世,它将在其全然纯全的荣耀中向敬虔者显现。正是这光,以某种方式在第七日安憩于圣人及有义行的人身上;正是这光,被称为"加添的灵"。[9]

在传说中,布拉格的勒夫拉比(Rabbi Loew of Prague;卒于 1609 年)被人称为"高个子勒夫拉比"(the Tall Rabbi Loew),因为他在安息日看起来比他在周间六日要高出一个头。[10] 这故事还说,任何人在安息日遇见彻诺维兹的哈伊姆拉比(Rabbi Hayim of Tshernovitz;卒于 1813 年),都可看到有朵玫瑰在他的脸颊上。这位哈伊姆拉比写道:"我们已亲眼目睹,安息日的圣洁为圣人的生命所带来的惊人改变。圣洁之光在他的心里如火舌熊熊燃烧,他被完全穿透,满怀热诚要服事上帝……日复一日、夜复一夜。"……一旦他记念安息日的预备工作完成了,"安息日圣洁的光辉便照亮他的脸。他的面容是何等灿烂,以致旁人都对是否要靠近他有所迟疑。"[11]

不过,世人所经历到的安息日,无法独自存活在放逐之中,如同在世俗日子当中一位孤单的陌生人。它需要其他日子的友谊。周间的每一个日子,都必须与这日子中的日子有属灵上的共融。我们的全部生命,都应该是朝向第七日进发的朝圣之旅;关于这日能够使我们觉醒的所有思想和评论,都应该永志于心。因为,安息日乃是生活的对位旋律;是在经历一切威胁良心的骚动与兴衰时,鼓舞我们的旋律;也使我们察觉上帝临在此世。

我们的本质为何,取决于对我们而言,安息日的**本质**为何。安息日律法在属灵生命中的重要性,就好像万有引力的法则在自然界中的重要性一般。

没有什么是比甘于臣服自己鄙陋习性更难克服的了。世人必须勇敢、坚持而沉着地为内在的自由而奋斗。内在的自由取决于不受物所辖制,正如不为人所辖制一般。许多人拥有高度的政治自由和社会自由,但只有很少的人足可不役于物。这一直是我们的问题——如何与人共处却不受制于人,如何与物共存却不为物所困。

在一个永恒的时刻,那些不久前仍受奴役、初尝救赎滋味的以色列百姓,领受了十句话,也就是十诫。十诫在起头和结尾，都论及人的自由。第一诫：*我是上主——你的上帝，曾将你从埃及地为奴之家领出来*——提醒他，他外在的自由是上帝所赐予他的；第十诫：*不可贪恋！*——则提醒他，必须由他自己达致内在的自由。

今天，当我们想要强调一个字时，要不是画底线，就是标成斜体。在古代文献里，则是用同语反复的方式来表达强调之意，也就是直接重复同一个字，中间不插入别的字。[12] 例如，圣经说道："你要追求正义、正义"（申命记十六 20；吕振中译本）；"你们要安慰、安慰我的百姓"（以赛亚书四十 1）。综观十诫，只有一处宣告了两次，就是最后一诫："不可贪恋……不可贪恋"。这重复显然是为了强调它的极端重要性。世人被告知不可贪恋"人的房屋"，也不可贪恋"人的妻子、仆婢、牛驴、并他一切所有的"。

我们知道，情欲无法被命令所抑制。因此，若非这第十道命令是一条关乎安息日的"诫命"，实际上是几乎无法遵守的；安息日诫命占十诫经文的三分之一，同时也是其他诫命的缩影。我们必须试着在这两条"诫命"间找到关联。不可贪恋属于邻舍的一切事物；我已赐予你属于我的某种事物。这事物是什么？一个日子。

犹太教试着要培养一种生活观，视生活为朝向第七日前进的朝圣之旅；我们在周间的每一天，所怀抱的对安息日的渴望，正是我们在生命中的每一天，怀抱着对永恒安息的渴望的一种形式。[13] 犹太教试图要将对空间中之事物的贪恋，替换为对时间中之事物的贪恋，教导世人在周间的每一天都"贪恋"第七日。上帝自己贪恋这日，祂称它为 *Hemdat Yamim*——可贪恋之日。[14] 这就好像是说：不可贪恋空间之事物，而所未明言的隐含之语乃是：务要贪恋时间之事物。

跋 ： 圣化时间

我们不该说时间流逝，而应说空间流经时间。不是时间逝去，而是肉身在时间中逝去。暂时性是这空间世界的属性，是空间之物的属性。至于那超越空间的时间，却超越了过去、现在、未来的划分。

外邦人将他们对上帝的意识投射为某个可见的形像，或将上帝与某种自然现象、某种空间之物连结起来。但在十诫里，世界的创造主显明自己的方式，乃是透过一个历史事件，透过一个时间中的事件，这事件就是祂将祂的百姓从埃及解救出来，并对他们宣告说："不可为自己雕刻偶像，也不可做什么形像仿佛上天、下地，和地底下、水中的百物。"

在地上曾经有过的最宝贵事物，就是摩西在西乃山上领受的两块石版，它们是无可比拟的无价之宝。摩西曾上到这山去领受它们，并待在那里四十昼夜，既不吃饼，也不喝水。上主交给他两块石版，在上面写下十诫，这是在山上，上主从火中对以色列民所说的话语。但四十昼夜结束后，手里拿着两块法版的摩西下山之际，却看到百姓围着金牛犊跳舞，他便把手中的法版扔掉，在众人眼前摔碎了。

"在埃及，每一个重要的宗教中心，都会根据'此乃创世之地'的说法来宣称它的优越性。"[1] 相较之下，创世记则是说到创世之日,而非创世之地。[2] 众神话皆未提及创世的时间,圣经却偏偏说到空间在时间中的受造。

人人都知道,大峡谷要比小沟渠更能引发敬畏之情;人人都知道,虫子与老鹰有多么不同。但我们当中有多少人对时间的差异具有同等的鉴别力?德国历史学家兰克(Ranke)[译1]宣称,每个时代距离上帝都同样近。但犹太传统则宣称,在时间中有一种时代的阶层,每个时代都不一样。世人可以同等地在任何地点向上帝祈祷,但上帝却不是同等地在任一时代向世人说话。比方说,在特定的时刻,先知预言之灵便离开了以色列。

对我们来说,时间只是个用来度量某个物理量的机制,而非我们栖居于其间的生活领域。我们的时间意识出自于对两个事件的比较,发现其中一个事件比另一事件更晚发生;出自于我们听到一段旋律,意会到一个音符接续着一个音符。对我们的时间意识而言,事件的先后之别是最基本的。

然而,时间仅止是在时间中各事件之间的关联吗?

忽略与过去的关系,当下的时刻就没有意义了吗? 再者,难道我们仅仅是知道,对空间之物有所影响的时间中的事件吗? 如果没有任何与这空间世界有关的事发生,难道时间就不存在了吗?

若想认出时间的终极意义,需要一种独特的意识。我们全都生活于时间之中,是如此紧密地贴近它,以致我们反倒无法注意到它。空间世界围绕着我们的存在,[3] 但这仅仅是生活的一部分,其余的部分则是时间。物只是海岸,真正航行的旅程是在时间之中。

存在从未藉由自身获得阐明,存在只能透过时间得以厘清。当我们闭上双眼专注凝思,便能够获得毋须空间的时间,但我们绝无法拥有毋须时间的空间。在属灵的眼光看来,空间乃是冻结的时间,所有的物都只是凝滞不动的事件。

我们可以从两种观点来觉察时间:一是空间的观点,一是属灵的观点。从快速移动的火车车窗看出去,我们会有一种印象,就是我们自己仍静止不动,移动的是窗外的风景。同样的,当我们的灵魂被空间之物所运载,在凝视实在时,时间显得是在不断移动。然而,当我们学习去明白,乃是空间之物在不断移动,我们便领会到,时间才是永不消逝的,事实本是空间世界在时间的无限扩展中滚动。如此,暂时性便可被定义为是空间对时间的关系。

实际上,所谓的空间,乃是一个无边界、连续而空虚的实体,它并不是实在的终极形式。我们的世界,是一个在时间中运行——从太初直到终末的日子——的空间世界。

对常人的心智来说,时间在本质上是短暂无常、稍纵即逝的。然而,真相是:当我们凝视空间之物时,时间从心头倏忽而过。这是一个传达给我们某种暂时感的空间世界。那超越空间、不依附于空间的时间,乃是永存的;反而是这个空间世界愈趋朽坏。物在时间中朽坏,时间自身则不改变。我们不该说时间流逝,而应说空间流经时间。不是时间逝去,而是肉身在时间中逝去。暂时性是这空间世界的属性,是空间之物的属性。至于那超越空间的时间,却超越了过去、现在、未来的划分。

纪念碑注定要消逝,灵的日子却永不过去。我们在出埃及记中读到一段关于以色列民抵达西乃的记载:"以色列人出埃及地以后,满了三个月,在**这日**,就来到西乃的旷野"(十九 1)。这是一个令古代拉比感到困惑的表述:在**这日**？它本该说的是:在**那日**。这令人困惑的表述只有一种含义,就是赐下妥拉的那日从未过去;那日就是这日,就是每一日。无论我们何时研读妥拉,对我们而言,它都"宛如是今天才赐给我们的"。[4]出埃及的那日也具有同样的含义:"每个世代的人,都必须把自己看成是仿佛曾亲身走出埃及。"[5]

一个伟大日子的价值,并不是以它在月历上占据的空间来衡量。亚基巴拉比呼喊道:"所有的时间,都不若歌中之歌被赐给以色列的那日有价值,因为,所有的歌都是圣洁的,但歌中之歌乃是圣洁事物中最圣洁的。"[6]

在灵的领域,一秒钟与一世纪并无差异,一小时与一世代也没有分别。族长犹大拉比(Rabbi Judah the Patriarch)发出呐喊:"有的人以一生的光阴获致永恒,有的人却在短短一小时中获致永恒。"[7] 美好的一小时,或许有着仿如一生之久的价值;归回上帝的那一瞬间,或可恢复那些远离祂的失丧岁月。"在此世若有一小时的悔改与善行,胜过来世的全部生命。"[8]

　　我们已说过,科技文明是人战胜空间。可是,时间始终不为所动。我们可以征服空间上的距离,却无法重拾过去,亦无法预知未来。人在空间之上,时间更在人之上。

　　时间是人所面临最艰巨的挑战。我们全都身在同一行伍中,走过时间的领地,永远到不了终点,却也无法获得立足点。时间的实在远非我们所能触及。空间展露在我们的意志面前,我们可以随自己兴致来塑造和改变空间之物。然而,时间却不是我们所能掌握。时间既切近又远离我们,既内在于一切经验,又超越一切经验。时间唯独属乎上帝。

　　因此,时间乃是他性(otherness),一个远非任何范畴所能涵纳的奥秘。时间与人的心智,好像是两个互不相干的世界。可是,只有在时间中,才有众生的团契和共性(togetherness)可言。

　　我们每个人都占据空间一隅,彼此排斥地据有一方天地。我的肉身所占据的那一部分空间,是其他任何人所无法进驻的。然而,无人可占有时间。没有任何时刻是我可以独自占有的。这独特的时刻固然隶属于我,却也隶属于众生。我们分享时间,却占有空间。

藉由争夺空间的所有权,我是其他人的竞争者;藉由生活在时间的奥秘中,我是其他人的同代人。我们旅经时间,却占据空间。我们很容易屈服在"空间世界乃为我存在、为人存在"的假象之下;但对时间,我们就不致产生这种假象。

上帝与物之间有着巨大的鸿沟。原因在于,物是一种有别于存在整体、彼此分离的个别存在。看见一物,就是看见某种分别而孤立的事物。尤有甚者,物乃是、且可以是为人所拥有者。时间却不允许任一瞬间在其自身且为其自身地存在着。时间既非全体,亦非部分。时间不可分割,除非我们在心里分割。时间永远超出我们的掌握。时间总是圣洁的。

永恒时间的伟大视野很容易被我们所忽略。根据出埃及记,摩西所看到的第一个异象是:"……从荆棘里火焰中向摩西显现。摩西观看,不料,荆棘被火烧着,却没有烧毁"(三2)。时间就像是永恒燃烧的荆棘。尽管每一时刻都必须消逝,以容让下一时刻的到来,但时间本身却并没有被烧毁。

时间自身就有终极的价值,它甚至比布满星辰的穹苍更加庄严而令人生畏。时间以最古老的光华缓缓流逝,它所告诉我们的,远比空间以其破碎物语所能说的多得多;时间乃是以个别存在为乐器,由此合奏出交响乐;时间释放大地,使之成为现实。

时间是创世的历程,空间之物是创世的结果。当我们注目于空间,可以得见创世的产物;当我们直观于时间,则将听闻创世的历程。空间之物展现出一种虚假的独立性。它们卖弄自己那虚假的、有限的持久性。这些被造之物将造物主隐藏起来。只有在时间的维度中,人才能遇见上帝,并开始意识到,每一个瞬间,都是创世行动,都是太初,都开启崭新的道路,通往最终的实现。时间是上帝在空间世界中的临在,也正是在时间中,我们才能够觉察到万物的合一。

我们所领受的教导是,创世并不是一个只发生过一次即一劳永逸的行动。使世界得以存在的行动,是个持续不断的历程。[9]上帝创造世界,此一创造仍在不断进行。只是因着上帝的临在,才有当下的时刻。每一个瞬间都是创世的行动。一个时刻,并不是一个终点,而是太初的闪现,是太初的记号。时间是恒常的创新,是不断创世的同义字。时间乃是上帝恩赐给空间世界的礼物。

一个没有时间的世界，就是一个没有上帝的世界，一个在其自身并藉其自身而存在的世界，不可能更新，也不需要造物主。一个没有时间的世界，就是一个与上帝隔绝的世界，只有物本身的世界，是未实现的实在。一个时间中的世界，则是一个通过上帝而向前迸发的世界；是无限设计的实现；在这世界中的物，不是为自身，而是为上帝而存在。

为能见证世界创生的永恒旅程，就需在礼物中觉察馈赠者的同在，就需明白时间之根源乃是永恒，明白存在的秘密即是时间中的永恒。

我们无法透过对空间的征服、无法透过成就与名望，来解答时间的难题。我们只能藉由圣化时间来寻求答案。单从人来看，时间是晦涩难明的；对与神同行的人而言，时间则是乔装了的永恒。

创造是上帝的语言，时间是上帝的诗歌，空间之物则是歌中的音符。每当我们圣化时间，便是与祂共同唱和。

生而为人的任务就是征服空间与圣化时间。

我们必须是为了圣化时间的缘故来征服空间。在周间,我们被呼召要藉着与空间之物打交道来圣化时间。在安息日,我们被吩咐要在时间的中心同享圣洁。即使我们的灵命枯竭,即使我们紧绷的喉咙吐不出任何祷词,安息日的安宁静谧依然带领我们通往无尽的平安之境,并使我们开始意识到永恒的真义。在这世上,没有任何观念可以像安息日的观念一样,蕴涵如此丰富的属灵能力。在千秋万世之后,当我们所珍爱的许多理论仅存断简残篇,那帷宇宙的锦绣依然发光如星。

永恒寓于一日。

附录：父亲的安息日

苏珊娜·赫舍尔

每当礼拜五晚上，我的父亲举起祝圣杯、闭上双眼、开始吟诵祝酒祷词时，总是令我情绪澎湃。随着他吟唱那古老而神圣的家族旋律，祈祷祝圣那酒与安息日，我总是感到他也祝福了我的人生，祝福了桌边的每一个人。我多么珍惜这些时光。

我们家就如每一个敬虔的犹太家庭，礼拜五晚上是一周的高峰时刻。母亲和我会点亮安息日烛台，瞬时间我感觉自己的心境、甚至包括自己的身体，都得到了转化。在点亮餐厅的烛光后，我们会走进客厅，那里有几扇向西的窗户，可以看到哈德逊河（Hudson River），我们就在那里赞叹顷刻来到的落日之美。

那份随着我们点起烛光而到来的平安感受，多少也与礼拜五的紧张忙乱有关。父亲常说，迎接一个圣洁日子的预备工作，与这日子本身一样重要。整个早上，母亲忙碌地采购食品，到了下午，当她作菜时，紧张的气氛便逐渐升高。父亲会在日落前一或二小时，从他的办公室回来，以预备他自己。而当这一整周的工作时刻即将结束之际，我的父母都在厨房里，忙乱地要想起他们可能忘记预备的事项——水煮开了吗？遮炉片盖住火炉了吗？烤箱启动了吗？

霎时，时间到了——这是日落前二十分钟。当我们点亮烛光、祝祷安息日之到来时，无论在厨房还有什么事没能完成，尽皆抛诸身后。父亲如此写道："安息日之来到，像是一种抚慰，抹去恐惧、哀伤与黯淡的记忆。"

父亲很少在礼拜五晚上到会堂去，他喜欢在家里祷告，而我们的晚餐通常是安静、缓慢而放松的。我的父母并未参与很多社交活动，但大约每隔两个月，他们会邀请一些朋友或同事来参加安息日晚宴。菜单千篇一律：我们的哈拉面包（challah）[译1]是在当地的面包铺买的，母亲会煮鸡汤、烤小母鸡、准备色拉和青菜。至于餐后甜点，父亲会削一颗金冠苹果，试着不要削断苹果皮，我们大家就共享这颗苹果。母亲对厨艺并不热衷,父亲也总是吃得很清淡,因此,这些食物并不会令我们感到兴奋。尽管如此,在每一次用餐前,父亲总会举起他的叉子,看着我说道:"妈咪是位好厨师。"

在我们的安息日晚宴上,有一个不常见的规矩:父亲从他的姐夫、一位克比基尼彻拉拜(Kopycznitzer Rebbe)[译2]那儿得到一份礼物,是两个长形镶银的香料盒,里面放着番石榴枝和尤加利叶。虽然通常是在安息日结束时的祝祷礼,才会祝福并闻它们的馨香之气,但我们总会在举行祝酒祷词之前便祝福与闻香气,这是一个哈西德派[译3]的习惯,这习惯在拉比文献中的依据可参考我父亲在本书的讨论。

当有客人参加我们的安息日晚宴时,几乎都是来自欧洲的流亡学者,餐桌上的谈话也总是围绕着欧洲打转。他们总在谈论他们认识的德国学者,这些犹太学者要不是已经流亡到美国或以色列,就是已经遇难了。他们并不会谈到大屠杀的迫害经过,也不会在安息日说出"大屠杀"这词,但他们会谈论在马克斯·魏因赖希(Max Weinreich)[译4]的书《希特勒的教授》(*Hitler's Professors*)里面作为纳粹分子曝光的非犹太学者。父母大部分的朋友就像父亲一样,大战前曾在德国的大学求学,而在战争结束二、三十年后,他们对于那些曾令人钦佩不已的学者,居然曾是纳粹分子,都感到震惊不已。在这些谈话里,德国文化无处不在。早在我在学校阅读到霍桑(Hawthorne)[译5]、梅尔维尔(Melville)[译6]、爱默生(Emerson)[译7]、梭罗(Thoreau)[译8]之前,我的成长过程就已不断听闻歌德(Goethe)[译9]、海涅(Heine)[译10]、叔本华(Schop-enhauer)[译11]以及胡塞尔(Husserl)[译12]。因着在家中从父母那里领受的文化世界,我一直感觉自己在美国不过是个过客。

安息日谈话也经常以东欧、以父亲出生其中的那个哈西德世界为重心。他喜欢向他的客人讲述哈西德教师的故事,或是同他们叙述哈西德经典的教训。父母的朋友很少来自那个世界,但对父亲而言,每逢安息日,总是要回到他年轻的岁月,追忆他的家庭与好友。

在安息日的时候,父亲甚至连阅读习惯都改了。他不再阅读学术书籍,不再阅读哲学或政治学的作品,转而阅读希伯来宗教经典。因着在安息日禁止书写,他会在书里夹着餐巾纸或回形针,以致多年后我可以分辨出他曾在安息日读了些什么书。那些书在每一个安息日带领他回到童年时的故事,回到他在拥有高贵宗教情操的人们中间长大成人的那份感受。(曾经有个类似的情境,与本书的法文版有关,这书在法国以《时间的建筑师》〔*Les Bâtisseurs du Temps*〕为名出版。据他信中所言,伟大的诗人保罗·策兰〔Paul Celan〕[译13]在他床边桌上一直摆着我父亲的作品,直到他生命末了。)

在安息日的早上,我们会参加在犹太神学院举行的礼拜,那是父亲任教的学校。来自学院与哥伦比亚大学的教职员和学生一起聚会。那是一个正统派的礼拜,完全以希伯来语进行,男女座位分开。许多个礼拜,我们聆听即将毕业成为拉比的学生的讲道,而在从会堂步行回家的路上,学院的成员通常会严格评论这场讲道的品质。回家的路程只有十五分钟,但父亲习惯每走几步路就停下来讨论某个观点,接着再继续走,因此这路程常常要花上半个小时。当我还小的时候,他会让我坐在他肩头上;随着我年龄渐长,他的同事会帮他来逗我玩。

安息日的午餐是非正式而轻松惬意的,这是嬉笑玩耍的时间。午餐过后,父母每周例行要先小睡片刻,接着享受下午茶,再到河滨公园散步,在街上蹓跶。他们会在那里遇见亲朋好友,沉浸在安息日午后漫步的时光中。

实际上有两种安息日经验,一种是在秋季和冬季的月份,那时的安息日大约从礼拜五下午四点开始,礼拜六晚上五点左右结束。另一种是在春季和夏季的月份,那时的安息日从礼拜五晚上八点或八点半开始,直到礼拜六晚九点甚至更晚才结束。在冬季月份,礼拜五晚上在晚餐过后还有很长一段时间,父母会坐在餐桌前喝茶读书。而在春季月份,漫长的安息日下午则成为这日子那安详平静的焦点所在。

父母经常邀请学生来参加安息日午后的下午茶时光。母亲会提供奶酪和饼干,各种糕点,有时甚至奉上豪华的"老爷蛋糕"(Herrentorte)——这是一种长条状面包,切成长片状,铺上一层又一层各式鲜鱼与鸡蛋沙拉,抹上奶油乳酪和鳀鱼调成的奶霜。父亲会注意到每个学生,询问他们的课业、家乡的拉比,以及未来的目标。当太阳渐渐西沉,他为每个人预备一本祈祷书以进行晚祷。我们一起为安息日的结束祝祷,之后学生们就离去了。

周日是新的一周的开始。在冬季的月份期间,父

亲偶尔会在周日的早上教课,母亲则会弹钢琴。不过,
几乎每逢夏季,父母就会在洛杉矶租间房子,靠近舅舅
们的家。租到的房子偶尔会离会堂太远,无法步行抵
达,这时就会有朋友来到我们家,参加安息日早上的礼
拜。母亲会为每个人准备好一本轻便的祈祷书,访客
则会一直待到下午。当安息日在礼拜六晚上结束时,
时间已经晚了,我们也立刻上床入睡。周日的早上是
安息日之后的安息时光,父亲从事他的研究,母亲则去
弹钢琴。夏季的周日下午充满了音乐。我们会前往舅
舅家,他是一位会拉小提琴的物理学家。他有一间大
琴房,里面有两台钢琴,他的朋友们会自行编制演出三
重奏、四重奏或五重奏,就这样镇日演奏室内乐。那房
子有个很大的游泳池,就在琴房外面,当母亲演奏时,
父亲和我会漂浮在水面上,读本书,聆听乐声。

当本书于 1951 年出版时,父亲仅在美国待了十一
年。他在 1940 年抵达美国的时候,英语还不太好,但
他对这语言的掌握很快就取得显著的进展,并开始以
相当丰富和诗意的风格来写作。真的,我的父母常常
因为本书早期读者的反应开怀大笑,因为这些读者无

法想像这本书竟是父亲写的,他们相信这书实际上出于母亲的代笔! 这本书的用语相当符合它的精义,书中那宛若哀歌与诗篇的语调,在在从读者心中唤起他想描写的安息日心境。

在本书出版的那个年代,美国的犹太人正迅速被同化,许多犹太人会在公开表达自己的犹太信仰时感到局促不安。就连在拉比与犹太领袖当中,也普遍拒绝接受犹太神秘主义、哈西德派,甚至拒绝神学和灵性。情况就像是他们渴望一种非宗教的犹太教——一种无神、无信仰、无信念可言的犹太教。对他们来说,工作、社交、购物、单纯作个美国人,这一切都与安息日有所抵触。

在试图重新引介安息日的重要性的同时,父亲并没有严厉责备犹太人忽略了他们的宗教诫律,他也没有以拉比文献的绝对权威来要求他们遵行犹太律法。在那个年代,神职人员著书立说的流行风潮是以宗教促进心理治疗,但父亲一反此一潮流。他坚持认为,安息日无关乎心理学或社会学;安息日并不是用来让我们冷静一下,或是提供家人共处的时光。安息日也不表示对现代社会或世俗世界的拒斥。对他来说,安息日乃是文明建构不可或缺的一环,不可与文明分离。
与许多新近探索安息日的路径不同,父亲并未强调
"仪式"的重要性(他认为诸如"习俗"与"礼仪"这些语
词,应从犹太词汇中剔除),他也不把安息日视为凝聚
犹太认同的手段。

　　但父亲谈论安息日的进路确实反映出某些政治关
怀以及那个年代的语言特质。本书一再出现自由与解
放的论题。他写道,我们需要安息日来保存文明:"世人
必须勇敢无歇而沉着地为一己内心的自由奋斗",以
使自己不受制于物质世界的奴役。"内在的自由端赖
于不被物所辖制,就像是不为人所辖制一般。许多人
拥有高度的政治自由和社会自由,但只有很少的人足
可不役于物。这一直是我们的问题——如何与人共处
却不受制于人,如何与物共存却不为物所困。"

　　父亲将犹太教定义成是一种以时间中的圣洁为其
核心关怀的宗教。有些宗教建造起宏伟的教堂或圣
殿,但犹太教建立安息日,作为一种时间中的建筑物。
在时间中创造出圣洁,与在空间中建造大教堂,要求的
是不同的感受力:"我们必须是为了圣化时间的缘故来
征服空间。"父亲的意思并不像某些人所联想的那样,

以为他是在暗示要贬损空间，或否定以色列地的意义。他对捍卫以色列及其神圣性所作的努力，可在他的《以色列：永恒的回声》(*Israel: An Echo of Eternity*)一书中获得证实。在安息日与以色列这两个例子中，他都强调，对其之圣化乃取决于人的行为与态度。圣化安息日，乃是我们身为上帝形像的一部分，但也成为一种寻求上帝之同在的方式。他写道，并不是在空间中，而是在时间中，我们才找到上帝的形像。在圣经里，没有任何事物或地方是凭藉自身而是圣洁的；就连应许之地也未被称为圣洁的。诚然，土地的圣洁和节日的圣洁取决于犹太百姓的行动，是这些人使它们成为圣洁，但更进一步，他告诉我们，安息日的圣洁优先于以色列的圣洁。即使人民未能守安息日，安息日仍是圣洁的。

我们是怎么形成安息日特有的气氛呢？父亲强调，神圣性是我们所创造的品质。我们知道该对空间做些什么，但我们如何形塑神圣的时间？他写道，一周有六日我们利欲熏心；安息日则更新我们的灵魂，使我们重新发现真实的自己。"安息日乃是上帝之同在于世，向世人的灵魂敞开。"上帝并不在空间之物中，而是在时间之流的时刻中。我们如何觉察上帝的临在？有一些有益的安息日律法——也就是那些要求我们放下世俗的需求、停止工作的律法。《米示拿》(Mishnah)[译14]在列举出某些范畴、以构成"工作"的内涵时,描述了几种类型的活动,都是为建立科技文明所必须的。但父亲更进一步。他说,在安息日不仅是不可生火,甚且是:"不可升火——即便是义怒之火亦不可为。"在我们家,有一些话题是在安息日要避免谈论的,例如政治、大屠杀、越战等,另有一些话题则备受重视。守安息日并不只是不去工作,更是要创造全然的安歇,这也是一种庆祝方式。安息日是关乎灵魂、也关乎肉身的日子。在安息日哀伤乃是罪,这是父亲经常复述并总是遵循的一项教训。

在安息日会发生一个神迹:灵魂苏醒,"加添的灵"到来,安息日圣洁的光辉充满家里的每个角落。怒气消退,紧张远去,每个人的脸上都光采焕发。

创造性的安息日始于一种热切感。父亲以醒目的方式扭转我们预期的观点。并不是我们在渴望一个休息的日子,而是安息日之灵孤单地在渴望我们。我们是安息日的伴侣,每周我们祝圣安息日,便是迎娶安息日。这段婚姻塑造了我们,因为"*我们的本质为何,取*

决于对我们而言,**安息日的本质为何**"。同样的,安息日也不仅仅只是在礼拜六出现;他写道,这经验的深度是透过我们在周间六日的行为所创造出来的;这六日乃是向安息日而去的朝圣之旅。

安息日带着她自身的圣洁而来;我们不只是进到一个日子,而是进入一种氛围。父亲引用《光辉之书》[译15]说道:安息日乃上帝之名。是我们在安息日里面,而非安息日在我们里面。对父亲而言,问题在于觉察到这圣洁的方式——不是我们**多么**守安息日,而是我们**如何**守安息日。严格遵行为安息日制订的律法还不够,真正的目标乃是促使安息日成为对天堂的预尝。安息日乃是天堂的隐喻以及上帝之同在的见证;在我们的祷告中,我们期待着,弥赛亚到来的时期就是安息日,而每一个安息日都预备好我们进到这经历中:"一个人除非可以……学会品尝安息日的滋味……否则他将无法在来世享受永恒的滋味。"上帝乃是在第七日将灵赐给世界,"(世界的)存续却有赖于第七日的圣洁。"他写道,我们的任务变成是如何将时间转化为永恒,如何全神贯注在时间上:"一周有六日,我们与世界争战,压榨大地以谋求好处;但在安息日,我们特别关注那深蕴于吾人灵魂中的永恒种籽。我们的双手为世界据有，我们的灵魂却另有所属——归属于那至高上主。"

在父亲的最后一个安息日，我们与许多朋友共度那个美好的晚餐，饭后有位来宾朗读父亲年轻时写的意第绪语诗篇。他那晚入睡后，便再也没有醒来了。在犹太传统里，一个人在睡梦中过世，被称为上帝之吻；而在安息日过世，则是一个虔诚人配得的礼物。父亲曾经写道：在敬畏神的人而言，死亡是项殊荣。[译16]

苏珊娜·赫舍尔简介：

苏珊娜·赫舍尔(Susannah Heschel)，在达特茅斯学院(Dartmouth College)取得犹太研究的艾里·布雷克教席(Eli Black Chair)，著有《亚伯拉罕·盖格与犹太人耶稣》(*Abraham Geiger and the Jewish Jesus*, University of Chicago)、《雅利安人耶稣：基督徒、纳粹与圣经》(*The Aryan Jesus*: *Christians*, *Nazis*, *and the Bible*, Princeton)。与罗伯特·埃里克森(Robert P. Ericksen)合编《背叛：德国教会与大屠杀》(*Betrayal*: *German Churches and the Holocaust*, Augsburg Fortress Publishers)，另有其他作品面世。

附注

前言

1. 参见赫舍尔,《人不是孤岛:一种宗教哲学》(*Man Is Not Alone：A Philosophy of Religion*, New York, 1951), p. 200。

2. 据罗素(Bertrand Russell, 1872 - 1970)所言,时间乃是"实在的一种无甚重要的表面特质……哲学思维的一项根本工作,就是将人从时间的奴役下解放出来……一旦了解到时间并不重要,便踏入智慧的殿堂"。引自《我们对外在世界的知识》(*Our Knowledge of the External World*), pp. 166 - 167。

3. "时间是一种邪恶的、致死的疾病,散发出毁灭性的乡愁。时间的流逝使人的心灵遭受绝望的重击,使其眼神布满哀伤。"引自别尔嘉耶夫(Nikolai Alexandrovich Berdyaev, 1874 - 1948),《孤独与社会》(*Solitude and Society*), p. 134。

4. 参见赫舍尔,《大地属乎上主》(*The Earth Is the Lord's*), pp. 13 - 14。

5. 这是宗教经验不同于审美经验其中一个面向。

6. 迈蒙尼德(Maimonides, 1135 - 1204),《律法新诠》(*Mishneh Torah*),〈论悔改〉(*Teshubah*), 1, 3,据《米示拿·论赎罪日》(*Mishnah Yoma*), 8, 8 而作。更为激进的观点见于《西非拉注释书》(*Sifra*)对利未记二十三 27 的注释,《米示拿·论宣誓》(*Shebuot*), 13a 写道(摘录自桑西诺[Soncino]出版社的译本):"我会认为,若希望赎罪日有赎罪之功,必须在该日禁食,并宣告圣会(宣告的方式是在这日的祷告中如此说:上主是应当称颂的……祂使以色列并赎罪日为圣；还要穿上属这日子的服饰，以表明接受这日为圣日；参见《土沙法·论剪除》〔Tosafot Keritot〕，7a），且要停止工作。但如果这人并未在该日禁食，并未宣告圣会，又在该日工作，那么，我们要从何处得知这日子将他赎回了呢？经上记着说：'因为是赎罪日'〔利二十三28〕；——因此，在任何情况下，这日子都赎回了那人。"不过，倘若一人并未悔改，反倒在这特殊的日子犯罪，大部分的权威之士并不认为这日子仍会将他赎回。可与《米示拿·论赎罪日》85b的拉比观点相较。——饶富兴味的是约瑟拉比（Rabbi Yose）关于特定时候的概念，见《米示拿·论公会》（Sanhedrin），102a。亦见《坦库玛》（Tanhuma）对创世记四十九28的注释。

亦见约哈拿拉比（Rabbi Yohanan）在《米示拿·论斋戒》（Ta'anit）29a，与约瑟拉比在《论评价》（Erachin）11b中所表达的观点。另见彼得森（Johannes Pedersen），《以色列》（Israel），第一～二册，pp. 488, 512；潘诺夫斯基（Erwin Panofsky, 1892 - 1968），《圣像学研究》（Studies in Iconology），pp. 69 - 93。

7. 创世记二3。"当记念安息日，守为圣日。……因为六日之内，上主造天、地……所以上主赐福与安息日，定为圣日"（出二十8、11）。在十诫中，"圣"字只出现过这一次，即用在"安息日"上。

8. 参见《坦库玛》对出埃及记三十四1 (31) 的注释；《世界大序》（Seder 'Olam Rabba），第六章。可见拉希（Rashi, 1040 - 1105）对出埃及记三十一18的注释；但亦见拿马尼德斯（Nahmanides,

1194 - ca. 1270)对利未记八 2 的注释。

　　对世界来说,时间的圣洁已然足矣。就人之本质而言,空间的
圣洁则是必要的构成部分。会幕的设立并非出于十诫的吩咐,而
是为了回应那些呼求上帝的百姓所直接提出的要求:"世界之主
啊!列国诸王皆有宫殿,可在其中摆设餐桌、烛台,以及其他象征
王室的标志,以便他们的王可被认出真是王。而你,我们的王、救
主与帮助者,难道不也应该透过象征你王权的标志,让全地的人
都可以认出你真是他们的王?"出自《米大示·哈加达》(*Midrash
Aggada*), 27:1;金茨柏格(Louis Ginzberg, 1873 - 1953),《犹太
传奇》(*The Legends of the Jews*), III, pp. 148 - 149。

9. 民数记七 1。

10. 一次新月到下一次新月的循环,便构成一个阴历月,其间大约经
　　过二十九天又十二小时。

11. 巴比伦历的第七日是依据阴历月的每个第七日来制定的;参见
　　巴特(J. Barth),〈犹太安息日与巴比伦人〉("The Jewish Sabbath
　　and the Babylonians"),引自《美国以色列人周刊》(*The American
　　Israelite*),1902 年 11 月 20 日;亦见韦伯斯特(H. Webster),《安
　　息日》(*Rest Days*, New York, 1916), pp. 253 - 254。

第一章

1. 斐洛(Philo),《论特殊律法》(*De Specialibus Legibus*), II, 60
　　(Loeb Classics, Philo, VII)。

2. 《尼各马可伦理学》(*Ethica Nicomachea*)，X, 6。

3. 阿加贝兹拉比（Rabbi Solomo Alkabez, ca. 1500 – 1580），《吾爱请来》(*Lechah Dodi*)。

4. 安息日晚祷文。

5. 《光辉之书》(*Zohar*)，I, 75。

6. 泰勒（H. O. Taylor），《中世纪精神》(*The Medieval Mind*)，I, pp. 588 以下。

7. 《法规》(*Mekilta*)对出埃及记三十一 13 的注释。

8. 《拉巴创世记注释书》(*Genesis Rabba*)，19, 3。

9. 除了"不可拜偶像、不可奸淫、不可杀人"的诫命之外。

10. 《吉安文库》(*Otzar ha-Geonim*)，《论赎罪日》(*Yoma*)，pp. 30, 32。

11. 语出尤维纳利斯(Juvenal)，《讽刺集》(*Satires*)，X. 80。

12. 安息日午祷文。

13. 以赛亚书五十八 13。"谁减损了安息日的喜乐，谁就像是掠夺了上帝的同在，因为安息日乃是（上主的）独生女。"《光辉之书面面观》(*Tikkune Zohar*, Mantua, 1558)，21, 59b。

14. 《拉巴申命记注释书》(*Deuteronomy Rabba*)，3, 1；参见《诗篇米大示》(*Midrash Tehillim*)，第九十章。

15. 参见《雅各·约瑟夫的后裔》(*Toledot Ya'akob Yosef*, Koretz, 1760)，p. 203c。

16. 因此我们在安息日会说："愿天欢喜，愿地快乐！"（诗九十六 11）"天象征来世，灵魂的世界；地则象征此世，是世俗而必朽的世界。"阿纳卡瓦(Al Nakawa, d. 1391),《明灯集》(*Menorat ha-Maor*),以诺勒(Enelow)编,II, p. 182。

17. 《拾穗集》(*Shibbole ha-Leqet*),第一百二十六章。

18. 安息日午祷文。

19. 《耶路撒冷塔木德·论怀疑不定什一税之物》(Jer. *Demai*), II, 23d。

20. 《光辉之书》,88b;比较128a。

21. 迪诺夫的兹维·以利米勒拉比(Rabbi Zwi Elimelech of Dynow, ca. 1783 - 1841),《以萨迦之子》(*Ben Issachar*),"论安息日",1。

22. 奥尔巴哈(Berthold Auerbach, 1812 - 1882),《诗人与商人》(*Poet and Merchant*, New York, 1877), p. 27。

23. 引自拉希对《米示拿·以斯帖经卷》(*Megillah*) 9a 的米大示注释;论创世记二 2 的注释;以及《土沙法·论公会》(*Tosafot Sanhedrin*), 38a。

　　据希腊化的犹太哲学家亚利多布(Aristobulus of Paneas, ca. 160 BCE)所言,第七日造了光,使万物得以被看见,此即智慧之光。参见优西比乌(Eusebius of Caesarea, ca. 275 - 339 BCE),《福音的准备》(*Praeparatio Evangelica*),吉福(Gifford)译,第 XIII 书,第十二章,667a。

24. 《拉巴创世记注释书》,10,9。

25. 申命记十二 9;参列王纪上八 56;诗篇九十五 11;路得记一 19。

26. 约伯记三 13,17;另参十四 13 以下。

27. 诗篇二十三 1~2。

28. 《米示拿·论安息日》(*Shabbat*) 152b;参《卫道书》(*Kuzari*),
V, 10;《流便文选》(*Yalkut Reubeni*, Amsterdam, 1700), 174a;
以及"满有怜悯的上主祷文"(*El male rahamim*)。

29. 参见《米示拿·论安息日》119b。

30. 魏海默(Solomon Aaron Wertheimer, 1866–1935),《学习所》
(*Batei Midrashot*, Jerusalem, 1950), p. 27;亦见金茨柏格,《犹
太传奇》,I, p. 85;V, p. 110。

31. 《散布亮光》(*Or Zarua*, Zitomir, 1862), II, 18c。亦见金茨柏
格所提出的修订版,《犹太传奇》,V, p. 101;《藏经库研究》
(*Geonica*), II, 48。但亦可比较出现在《西门文选》(*Yalkut
Shimoni*),〈诗篇〉(Tehillim)843 中的美丽传奇。

第二章

1. 出埃及记二十 9,二十三 12,三十一 15,三十四 21;利未记二十
三 2;申命记五 13。

2. 《约哈伊之子西缅拉比的法规》(*Mekilta de-Rabbi Shimeon ben
Yohai*, Frankfurt a. M. 1905),霍夫曼(Hoffmann)编, p. 107。

3. 《米示拿·先贤集》(*Pirke Abot*), 1,10。

4. 《拿单拉比先贤集》(*Abot de-Rabbi Natan*),谢希特(Schechter)
编,第十一章。

5. 参见《米示拿·论安息日》,49b。

6. 以赛亚·霍洛维兹拉比（Rabbi Isaiah Horowitz, 1565 – 1630），

《两块约版》（*Shne Luhot ha-Berit*, Frankfurt a. d. Oder, 1717），

p. 131a。

7. 《米示拿·论安息日》,12a。

8. "示谢拉比（Rabbi Sheshet）向来使他的门生在夏天曝晒于大太

阳底下,冬天就待在阴暗的地方,这样他们（当他在安息日向他们

讲课时）就会尽快起身。谢拉拉比（Rabbi Zera）习惯使他的门

生成对（好让他们学习与人讨论）,并对他们说:'我恳请诸位别冒

犯了它'（别因否定安息日的喜悦与振奋而冒犯了安息日）。"

《米示拿·论安息日》,119a – b。

9. 阿纳卡瓦(Al Nakawa),《明灯集》(*Menorat ha-Maor*), II, p. 191。

10.《敬虔者之书》（*Sefer Hasidim*, Berlin, 1924）,维提内茨基

(Wistinetzki)编, p. 426;参见《耶路撒冷塔木德·论祝福》(Jer.

Berachot), 5b。

11. 申命记五 14。

12. 卡梅拉 (K. Kamelhar),《智慧的世代》(*Dor De'ah*, Bilgoraj,

1923）, p. 127。

13.《法规》对出埃及记二十 9 之注释。

　　据爱德华·马勒(Edward Mahler, 1857 – 1945)所言,"*shabbat*"

此一动词并非意指"休息",而是"完成"。名词 *shabbatu* 在巴比伦人

那里则在时序的意义上意指一个循环,诸如月亮完成其循环之日、满

月之日。参见《安息日》(*Der Schabbat*, ZDMG, LXII), pp. 33 – 79。

14.《耶路撒冷塔木德·论安息日》(Jer. *Shabbat*), 15a。

第三章

1.《米示拿·论安息日》,33b,所引用版本及英译出自《工作之书》
(*Maaseh Book*, Philadelphia: Jewish Publication Society, 1934),
盖斯特(Moses Gaster)译,pp. 25 以下。

2. 例参:迈斯(J. H. Weiss),〈论犹太传统的历史〉("*Zur Geschichte
der Jüdischen Tradition*")(希伯来文),II, p. 143。

3. 弗利兰德(Friedlaender),《罗马人的生活方式》(*Roman Life and
Manners*, London, 1908), I, p. 6。

4. 例见:米达斯(Midas)的墓碑铭文,戴奥吉尼斯·拉尔修(Diogenes
Laertius),《名哲言行录》(*Lives of Eminent Philosophers*), Loeb
版,I, 99 - 100:"我是位青铜少女,安卧在米达斯的墓碑上。随着
时间逝去,雨水横流,长草蔓生,日升日落,月盈月缺,江河远流,海
潮涨退,我依然驻留在他那满布泪水的墓碑上,告诉过路人:米达
斯葬于此。"约书亚记四 7 暗示了类似的观点。

5. "永恒之城"(*urbs aeterna*)这称号已出现在提布卢斯(Tibullus,
ca. 54 - 19 BCE)的作品与《奥维德的盛宴》(*Fasti of Ovid*), 3,
78,并屡屡出现在帝国官方文献中,见《拉丁语宝典》(*Thesaurus
Linguae Latinae*), I, 1141。耶路撒冷从未被称为"永恒之城"
(*ir 'olam*)。在希腊化时期,"永恒、永远"的称号完全只能用在上
帝身上,如"永恒主宰"(*ribbon ha-'olamin*)、"永恒上帝(主、王)"

($\theta\varepsilon\delta\varsigma$〔$\kappa\dot{\upsilon}\rho\iota\circ\varsigma$, $\beta\alpha\sigma\iota\lambda\varepsilon\dot{\upsilon}\varsigma$〕$\alpha\dot{\iota}\dot{\omega}\nu\iota\circ\varsigma$)。参见布塞特(Wilhelm Bousset, 1865－1923),《犹太人的宗教》(Die Religion des Judentums, 3 ed., Tübingen, 1936), p. 311, n. 5。不过,我们也发现有"永远的民"('am 'olam)这类述语,见以赛亚书四十四7;另参以西结书三十六20,以及耶利米书十七25的祝福。传道书十二5以"永远的家"(bet 'olam)表述坟墓,则是古代的东方用语。

6. 对罗马政府的类似批评也出现在撒该之子约哈南拉比(Rabbi Yohanan ben Zakkai)的学院里,见《米示拿·论最后一道门》(Baba Batra), 10b;亦见《卡哈拿拉夫选集》(Pesikta de-Rav Kahana), 95b。对罗马政府的赞扬则可见于拉基许之子西缅拉比(Rabbi Shimeon ben Laqish),《拉巴创世记注释书》,9,13。

7. 佛勒(William Warde Fowler, 1847－1921),《罗马人的宗教经验》(The Religious Experience of the Roman People), p. 387;摩尔(George Foot Moore, 1851－1931),《宗教史》(History of Religions), I, p. 551。尤见罗德(Erwin Rohde, 1845－1898),《心灵》(Psyche, Tübingen, 1925), II, pp. 336 以下。

8. 罗德,《心灵》,II, p. 395。

9. 《漫骂集》(Philippics), XIV, 12。有条古谚说道:"欢愉诚短暂,名声恒久远。"见戴奥吉尼斯·拉尔修(Diogenes Laertius), I, 97。

10. 原文是:"Mihi populus Romanus aeternitatem immortalitatemquem donavit";出自《反对皮索演说集》(Oratio in Pisonem), 7。关于西塞罗对不朽的真正态度,可见罗德,《心灵》,I, p. 326。

11. 《道德书信集》(*Epistolae Morales*, Loeb Classics), C11, 29。

亦见卡明卡(A. Kaminka),收于《克劳斯纳纪念集》(*Sefer Klausner*, Tel Aviv, 1937), p. 172。

12. 以赛亚书四十 6,8。

13. 可参亚基巴拉比(Rabbi Akiba ben Joseph, ca. 50 – 135)的陈述,他是西缅拉比的老师,见《米示拿·先贤集》(*Abot*), 3,14。

14. 阅读妥拉后吟诵的祝福。

15. 《选集》(*Pesikta*),布伯(Buber)编, p. 39b。

第四章

1. 《耶路撒冷塔木德·论节日献祭》(Jer. *Hagigah*), 77b。

2. 《耶路撒冷塔木德·论节日献祭》,77b。

3. 《拿单拉比先贤集》,第二十八章。

4. 《米示拿·论祝福》(*Berachot*), 35b。

5. 见弗雷泽(James George Frazer, 1854 – 1941),《火的起源神话》(*The Myths of the Origin of Fire*, London, 1930), pp. 193 - 194。

6. 《米大示学堂》(*Bet Midrash*), V, 153。

7. 《律法新诠》,〈论婚姻法〉(*Ishut*), 10,4。

8. 拉希,《论安息日》(*Shabbat*), 150b。

9. 《米示拿·论疑妻行淫》(*Sotah*), 9,14;《土西他》(*Tosefta*), 15,8;《塔木德》(*Talmud*), 49b。

番石榴的希伯来字 *hadassah* 原是美丽的以斯帖的名字(斯

二7)。在哈勒维(Halevi)的诗中,新娘被描述为"在伊甸园树林中那光滑的番石榴树"。见洛夫(Immanuel Löw, 1854–1944),《犹太植物志》(*Die Flora der Juden*), II, p. 273。在希腊神话中,番石榴是特属阿芙洛狄特(Aphrodite)的植物,是爱情的象征。见《保利·维索瓦百科》(Pauly Wissowa), "Aphrodite"项, p. 2767; "Myrtle"项, p. 1179。

10. 《米示拿·论婚书》(*Ketubot*), 17a。以撒拉比之子撒母耳拉比(Rabbi Samuel the son of Rabbi Isaac)拿着三根嫩枝跳舞。谢拉拉比说:"这老人使我们蒙羞。"当撒母耳拉比过世时,出现了一根火柱,将他与世上其他事物分开来。有个传统说法认为,每一代只有一两个人才会出现这种为了分别的火柱。见《耶路撒冷塔木德·论偶像崇拜》(Jer. *Abodah Zarah*), 42c。

11. 番石榴被视为是安息日的植物("安息日需要番石榴",《敬虔者之书》,维提内茨基编,Frankfurt a. M., 1924, 553, p. 145)。有许多人跟随以撒·鲁瑞亚拉比(Rabbi Isaac Luria, 1534–1572),在礼拜五黄昏拿着两束番石榴枝,祝福番石榴枝,同时闻其馨香。见以撒·鲁瑞亚拉比的《预备筵席》(*Shulhan Aruch*, Wilno, 1880, p. 29a);亦见以赛亚·霍洛维兹拉比,《两块约版》, p. 133b。洛特巴赫(Lauterbach)对于番石榴在安息日的用法的阐释,与约哈伊之子西缅拉比在故事中的角色并不协调,见《希伯来协和学院年鉴》(*Hebrew Union College Annual*), XV, pp. 393–394。

当安息日进入尾声,"加添的灵"(additional soul)就要离去时,我们必须闻到香草的香味,以恢复心神,因为在那时刻,"魂与灵分离,深陷入哀伤之中,直到香味来到,使它们合一而欢喜。"《光辉之书》,III, p. 35b。根据伊本·高拜(Meir ben Ezekiel Ibn Gabbai, 1480 - ca. 1540)的《这虫雅各》(*Tola'at Jacob*, Warsaw, 1876), p. 30a 所言,番石榴是达此目的的较好选择。还可比较洛特巴赫所引其他文献,《希伯来协和学院年鉴》,XV, pp. 382 - 383。《塔木德》总是提到在安息日结束祝祷礼中使用香草植物,但从未明指这就是番石榴。在这日,普遍共有的习惯是:当举行安息日结束祝祷礼时,便祝福一个装有香草植物的香料盒。

12. 在陈述完那位拿着两束番石榴枝迎接安息日的"老人"后,西缅拉比接着问他:"是什么使你满足?"老人回答道:"一是'记念',一是'持守'。"这指向十诫的两个版本开头的两个不同的字(出二十 8 与申五 12)。据一段古老的神秘经文所言,"记念"意指男性原理,"持守"意指女性原理,见《光明之书》(*Bahir*, Wilna, 1913), p. 17d。我们可以设想,正是这点使得西缅拉比有安息日是新娘、以色列是新郎的观念。

第五章

1. 《拉巴创世记注释书》,11, 8。在此乃是作出一种寓意的诠释;可比较维拉的吉安(Gaon of Wilna, 1720 - 1797),《吉安拉比以利亚的注释集》(*Beure Hagra*, Warsaw, 1886), p. 98。以色列与上帝的关系,部分是公开的历史事实,部分是奥秘的私下行动。对约哈伊之子西缅拉比而言,安息日即是此一奥秘关系的记号。他说:所有的诚条,所有的诫命,都是独一圣者以公开的方式赐给以色列的,唯独安息日的诫命是私下赐予的,就如经上记着说:"**这是我和以色列人之间永远的凭证**"(出三十一 17)。"和……之间"一语在希伯来中,乃是表达丈夫和妻子的亲密关系(参《米示拿·论许愿》[*Nedarim*],79b)。"*le-'olam*"(永远)这字在以如此方式书写时,其读法有如发音成"*le-'alem*":持守为一个秘密(《米示拿·论节日》[*Bezah*],16a)。

2. 《米示拿·论安息日》,119a。雅拿伊拉比最早住在塞佛瑞斯(Sephoris)。后期的拉比在世界的"造齐"(*vaykullu*;原型即"完成",创二 1)中,发现安息日作为新娘的线索。见《好教训》(*Lekah Tob*, Wilna 1884),布伯编,p. 9a。参阿纳卡瓦,《清早起来》(*Midrash Hashkem*),II,191。

3. 拉比努·哈楠业(Rabbenu Hananel),《米示拿·论第一道门》(*Baba Kama*),32a;比较 R. Rabinowicz, *Variae lectiones, ad locum*。

4. 《米示拿·论安息日》,119a。塞佛瑞斯的哈马之子哈尼拿拉比(Rabbi Hanina ben Hama)约死于公元 250 年。同时称安息日为"新娘"和"王后",当然是不协调的。一则古老的希伯来谚语说:"新郎宛若君王。"《以利以谢拉比集》(*Pirke de Rabbi Eliezer*),第十六章结尾。尤见《光辉之书》的〈忠心的牧者〉(*Raya Mehemna*),III,272b:"安息日既是王后,也是新娘。"——若这日是新娘,谁是君王? 在前所引述学者的表达中,并未提及这点。然而,对于约哈伊之子西缅拉比来说,安息日乃是以色列的伴侣。不过,随着时间过去,这观念获得新的内涵。的确,第三世纪的学者约哈拿拉比就说安息日乃是上帝的王后。见《拉巴申命记注释书》,1,18;《拉巴出埃及记注释书》(*Exodus Rabba*),25,11。死于公元 279 年的约哈拿拉比,乃是提比哩亚(Tiberias)学院的著名领袖,他是伟大的哈尼拿拉比的门徒,见《耶路撒冷塔木德·论中间一道门》(Jer. *Baba Metzia*),第二章结尾;《巴比伦塔木德·论经期不洁》(Bab. *Niddah*),20b;也是雅拿伊拉比的门徒,见《米示拿·论最后一道门》(*Baba Batra*),154b;《米示拿·论叔娶寡嫂的婚姻》(*Yebamot*),92b。

第三世纪著名的巴勒斯坦布道家利未拉比(Rabbi Levi)采纳同一隐喻,他是约哈拿拉比的弟子,或者是与他同期。他这么解释为何男孩要到第八日才施行割礼:就像一位君王进到其辖区,颁布一道诏令,说:"别让任何访客在见到我夫人的面容之前,先见到我的面容。"这位夫人就是安息日。因为不可能连续七天不会遇上安息日,因此,男孩在进入割礼之约以先,乃先得见安息日之约。《拉巴利未记注释书》(*Leviticus Rabba*),27,10。在随后的年岁里,第二种概念流行起来:安息日是新娘,而上帝就像是新郎。安息日乃是新娘与她在天上的配偶结合。约略活跃于 1340 年代、居住在西班牙塞维尔(Seville)的大卫·阿布达罕拉比(Rabbi David Abudraham)说:因为安息日和以色列社群乃是新娘,而上帝乃是新郎,我们便如此祷告:恩待我们,使我们像是你的新娘,使你的新娘

可以在你里面安歇,如同《拉巴路得记注释书》(*Ruth Rabba*)所言:
一位妇人唯有在她丈夫那里才可得到安歇。见阿布达罕(Prague,
1784), 44c;另见 45a。所指涉到的米大示注释(Midrash)应是出于
《拉巴路得记注释书》,1,15 到 3,1。见亚伯拉罕·卡兹之子摩西
拉比(Rabbi Moses ben Abraham Katz),《摩西的杖》(*Matteh
Mosheh*),第四百五十章。这也是《吾爱请来》中"新娘"一词惯常的
理解模式,见《崇拜的基础与根基》(*Yessod ve-Shoresh ha-Abodah*,
Jerusalem, 1940), p. 164 所作的引述。另见《安息日面面观》
(*Tikkune Shabbat*, Dyhernfurth, 1962), f. 28。安息日乃是"居所"
(*Shechinah*)的同义字,意指上帝临在于此世,《光辉之书》,III,
257a。见《光明之书》(1912), p. 17c。权威的古代注释家拉希,唯
恐这女性隐喻会造成误解,便尝试藉由改变这隐喻的性别或指涉
对象来除去它所有的字面意义。他说,哈尼拿拉比的举止"像是一
个出去迎接君王的人"(《米示拿·论第一道门》〔*Baba Kamma*〕,
32a)。或是:"出于狂喜之情,他称对安息日的欢庆为'王后'!"
(《米示拿·论安息日》119a)同样的,拉希描述以撒之子拿赫曼拉
伯(Rab Nahman bar Issac, d. 320)在欢迎安息日时"像是一个迎接
他的老师的人"(《米示拿·论安息日》,119a)。另见阿纳卡瓦,《明
灯集》,III, p. 586。迈蒙尼德,《律法新诠》,〈论安息日〉(*Shabbat*),
30,2,也用了"君王"这字。

　　何西阿是第一位使用浪漫之爱和婚姻观念来描写上帝与以色
列关系的先知。据他所言,上帝与祂的百姓成亲,爱他们就如丈夫

爱妻子一般(何三1)。然而,乃是另一位先知才是首次将这关系比拟成新郎对新娘之爱的:"新郎怎样喜悦新妇,你的上帝也要照样喜悦你"(赛六十二5)。比利迦拉比(Rabbi Berachiah)列举出圣经中有十处经文,说到上帝对待以色列如同新娘一般,《拉巴申命记注释书》,2,26;《拉巴雅歌注释书》(*Canticles Rabba*), 4,21;《卡哈拿拉伯选集》(*Pesikta de-Rab Kahana*),布伯编,p. 147b。

这观念在犹太精神史中愈见强大。它赋予敬虔的人生那超越寻常人性的美妙诗歌。它在对那吾人所知最伟大的情歌——雅歌——的诠释中臻于高峰。雅歌只呈现出一种意义——它是以色列、上帝的新娘,和她的挚爱间的对话;它是从出埃及到弥赛亚来临之间这段以色列历史的寓言。关于此一主题,可见沙菲德(Siegmund Salfeld, 1843 - 1926),《所罗门的歌:附中世纪犹太诠释者之注解》(*Das Hohelied Salomo's bei den jüdischen Erklörern des Mittelalters*, Berlin, 1879);李伯曼(Shaul Lieberman, 1898 - 1983),《叶门米大示》(*Yemenite Midrashim*, Jerusalem, 1940)(希伯来文),p. 12。

西乃山的事件被描述为是上帝对以色列的订婚之举,见《拉巴申命记注释书》3, 12。"摩西率领百姓出营迎接上帝,都站在山下"(出十九17)。约瑟拉比说道:"上主从西乃而来"(申三十三2),"迎接以色列,就像新郎迎接新娘"(《法规》对出埃及记十九17之注释)。可比较齐格勒(Ignaz Ziegler, 1861 - 1948),《米大示的君王比喻》(*Die Königsgleichnisse des Midrasch*, Breslau, 1903),

第十章。不过,拉比对新娘隐喻的用法,与先知的用法有一种本质

上的差异。在先知的宣告中,是以色列被称为新娘,爱情的发动则

在上帝那一边。但在拉比的用语中,新娘不是以色列,而是安息日,

爱情的发动必须出自于人。

5. 见前引书,p. 22。

6. 哲尼巴(Geniba)与阿巴·阿瑞加(Abba Arika, 175-247)同一时代,

后者死于 247 年,见《耶路撒冷塔木德·论偶像崇拜》,Ⅱ, 42a。

7. 《拉巴创世记注释书》,10,9。

8. 《拉巴出埃及记注释书》,41,6。

9. 阿纳卡瓦,《明灯集》,Ⅱ, p. 191。"安息日实际上是嫁给了以色列,在

安息日举行的仪式正是结婚仪式,也就是引领新娘进入内室的仪

式。安息日之所以也被称为王后,是因为她乃是皇室的新娘——因

为所有以色列人都是王子。这就是为什么在安息日黄昏时,哈尼拿

拉比要大喊:'来吧,让我们出去迎接安息日王后',因为新郎就是这

样去迎接新娘的。诚然,雅拿伊拉比的表达方式有所不同,他并不

是说:让我们出去迎接新娘;而是相反,在她到达时依然留在原地,

并说:新娘,进来吧;新娘,进来吧。"撒母耳·艾德勒斯拉比(Rabbi

Samuel Edels, 1555-1631),《米示拿·论第一道门》,32b。

第六章

1. 法拉沙人(Falashas)就将安息日拟人化。对他们来说,安息日乃是

上帝所喜悦的天使,一切其他天使也都敬爱它、歌颂它;见金

茨柏格,《犹太传奇》,V，p. 110。犹太教中一般性的实体化问题,

见海尼许(Paul Heinisch),《旧约和古代东方的拟人化与实体化》

(*Personifikationen und Hypostasen im Alten Testament und im*

Alten Orient，Münster，1921）；布塞特(W. Bousset),《后期希腊化时

期的犹太宗教》(*Die Religion des Judentums im Spöthellenistischen*

Zeitalter，3 ed.），pp. 342 - 357。

2. 哈拿尼亚之子约书亚拉比(Rabbi Joshua ben Hanania)说道：当一个

节日要在安息日之后庆祝(周六晚上开始)，必须说出两个祝福,一

个我们用来向安息日道别(*habdalah*,"分离"之意)，一个我们用来欢

迎这节日(*kiddush*,"圣化"之意)；我们先吟诵分离祝祷,再吟诵圣化

祝祷。哈尼拿拉比解释这次序的缘由：安息日结束而节日开始的那

时刻,堪比君王离开一个城市、一位长官随即进入城市的时刻；你必

须先是护送君王离开,才能前去迎接长官。《米示拿·论逾越节》

(*Pesahim*),103a。

3. 伊本·高拜,《这虫雅各》,pp. 49, 38。可比较《指南》(*ha-Manhig*),

70;《维崔祈祷书》(*Machsor Vitri*)，p. 116;《散布亮光》,II, 49b 亦

有相同的引述。通常的习惯可能是本章注释 2 所引用文字指出的

那样。

4. 《米示拿·先贤集》,1, 15;3, 12。

5. 《哈拉卡法规》(*Halakot Gedolot*)，p. 206。参见马尔宣(I.

Mahrschen),《耶书仑》(*Jeschurun*，Berlin，1922), IX, 46。亦可比

较《散布亮光》,II, 9b。

6. "当安息日到来时,我们以诗歌来领受他。"《诗篇米大示》,布伯编,第九十二章,p. 403。一般为人所接受的观点是,迎接安息日的礼拜,其中包括了阅读诗篇九十五、九十六、九十七、九十八、九十九、二十九等篇,乃是直到十六世纪末,由萨法德(Safed)的卡巴拉主义者(Kabbalist)所首次建立的(见埃勒伯根〔Ismar Elbogen, 1874 - 1943〕,《犹太礼拜》〔*Der Jüdische Gottesdienst*, p. 108〕),但这观点是有待商榷的。生活于西班牙、在 1391 年被杀的阿纳卡瓦(Al Nakawa)已然指出,在安息日到来时有吟诵诗篇九十六篇的习惯,他称之为"*movaeh Shabbat*"(我不知还有何文献曾出现过这词,但它显然与"*motzaeh Shabbat*""安息日之夜"相当),见《明灯集》,II, 182。之所以选择这特定的诗篇,或可解释为:它指出了那在全部的诗篇中都可找到的上帝王权。以安息日为王后的观念,暗示了上帝的王权。附祷时的诗歌:"若有人守安息日、称它为可喜爱的,必在你的国度中欢喜快乐"(《萨迪亚祈祷书》〔*Siddur Saadia*〕, p. 112),或许也暗示了同一观念。

第七章

1. 《敬虔者之书》,大众版,§54。

2. 《米示拿·论安息日》,25b。据某些卡巴拉主义者所言,之所以要在安息日之夜洗手洗脚,是因为我们好比是耶路撒冷圣殿的祭司,这些祭司被要求在事奉上帝之前,必须首先仪式性地洗手洗脚。

3. 《光辉之书》,III, 136b。本章的引文,除了出自雅歌八 6~7 的那一段外,其余皆出自礼拜五晚崇拜。

第八章

1. "第七日乃是复活与来世的记号",因此在这日不应哀哭。《亚当与夏娃的生平》(*Vita Adae et Evae*),41,1,出自《次经与伪经》(*The Apocrypha and Pseudopigrapha*),查理斯(Charles)编,II,p. 151。据金茨柏格在《犹太百科全书》(*Jewish Encyclopedia*)关于《亚当之书》(*The Book of Adam*)的词条所言,此经纯然出于犹太传统。

2. "亚基巴拉比的字母表"(Alphabet of R. Akiba),《米大示文库》(*Otzar Midrashim*),p. 407;亦见 p. 430。尚可比较《一壶面粉》(*Kad ha-Qemah*)中的"安息日"结尾部分所引述的米大示。

3. 《法规》对出埃及记三十一17之注释。

4. 《米示拿·论连续献祭》(*Tamid*),结尾处。比较《米示拿·论新年》(*Rosh Hashanah*),31a,《米示拿》将这段记述归于亚基巴拉比之口。

5. 《拿单拉比先贤集》,第一章,可在最后一段找到。对来世的描述也是以拉伯(Rab)——也就是阿巴·阿瑞加——之名传承下来的。《米示拿·论祝福》,17a。亦见《诗篇米大示》,第九十二章,布伯编,p. 201a。

6. 卡林的所罗门拉比(Rabbi Solomon of Karlin)。

7. 同上,p. 41。

8. 当安息日,在感恩祷告的尾声要说出如下祷词:"诚愿满有怜悯的上主,让我们领承那全备的安息日,并安歇在永生之中。"对永生的祈求,并未出现在日常礼仪的表述中(见《卫道书》〔*Kuzari*〕,III,20)。

然而,在安息日的核心祷文里(立祷词〔*the Amidah*〕),这祈愿说了

四遍,我们可读到这样的话语:"主,我们的上帝,让我们领承祢圣洁

的安息日。"这也许是将安息日视为来世的同义字,因为地上的安息

日当然已经为世人所拥有。

9. 维达斯的以利亚拉比(Rabbi Elijah de Vidas, 1518－1592),《智慧

的开端——圣洁之门》(*Reshit Hokmah*, *Sha'ar ha-qedushah*),

第二章。

第九章

1. 1947 年在特拉维夫(*Tel Aviv*)出版了一本《圣泉》(*Holy Spring*

〔*he-Aviv ha Qudosh*〕),这标题在属灵上是相当不合时宜的。

2. 赫尔曼·柯亨(Hermann Cohen, 1842－1918),《犹太作品集》

(*Jüdische Schriften*, Berlin, 1924), I, 325。

3. 申命记十二 5、11、14、18、21、26,十四 23、24、25,十五 20,十六 2、6、

7、11、15、16,十七 8、10,二十三 17,三十一 11。

4. 撒母耳记下七 1~2。

5. 诗篇一百三十二 1~5。

6. 诗篇一百三十二 13~14。

7. 后期拉比传统宣称,在被选为设立圣殿之地,发生了几个重要事

件(见迈蒙尼德,《律法新诠》,〈论圣殿〉〔*Bet ha-Behirah*〕, II,

2)。然而,在圣经的记述中没有提及这些事件。见马丁·布伯

(Martin Buber, 1878－1965),《人民及土地之间》(*Ben Am le-Artzo*, Jerusalem, 1945)(希伯来文), p. 2。

8. 诗篇一百三十二 7。

9. 以赛亚书六十六 1。

10. 比较以赛亚书六十六 2。

11. 《西门文选》, I, 830。参见《土沙法·论节日献祭》(*Tosafot Hagigah*), 3b。

12. 这就是为什么在节日结尾祝祷(Haftora)的最后是说:"谁使以色列及其时代为圣",而在安息日则说:"谁使安息日为圣"——"因为安息日先于以色列";安息日是伴随着世界的创造而出现的,见《文士篇》(*Soferim*), 13,14。

13. 《法规》对出埃及记十二 1 之注释;《米示拿·证言集》(*Eduyot*), 8,6;《律法新诠》,〈论举祭〉(*Terumot*), 1,5;《土沙法·论祭品》(*Tosafot Zebahim*), 62a。

14. "而摩西向以色列的子民宣布上主的节期"(利二十三 44)。"只有节期需要透过法庭(Bet Din)来圣化(这拉比法庭必须宣布哪一天是新月,是新的月份开始之际,以便决定过节的日子),安息日则无须这样"(《米示拿·论许愿》78b)。见《法规》对出埃及记三十一 15 之注释。

15. 有段米大示大胆地宣称:"上帝的圣洁,安息日的圣洁,以色列的圣洁,三者宛若是同一个圣洁。"《以利亚篇》(*Seder Eliyahu Rabba*, Wien, 1902),弗里德曼(M. Friedman)编, p. 133。在《西门文选》,

I，833，可见到："上帝之名。"这也许暗指以赛亚书六3——安息日的神圣性如此强烈地被感受到，以至于当有人不遵守安息日的律法时，圣经只用一种语词来指称这事：*hilel*。"*hilel*"意味着玷污、干犯、亵渎了神圣的事物。这词被用来意指对神圣事物的冒犯；可见出埃及记三十一14；以赛亚书五十六2、6；以西结书二十13、16、21、24，二十二8，二十三38；尼希米记十三17、18。

16. 一个仪式物品乃是唯独在仪式当中发挥功能者，除此则一无所用。我们所提到过的在安息日进行圣化之用的饼和酒，既非圣礼物品，亦非仪式物品。

17.《拉巴民数记注释书》(*Numbers Rabba*)，14，5。

18.《光明之书》，p. 7a。

19. 见《米示拿·论安息日》，86b。

20. 巴塞罗那的亚伯拉罕·阿德雷特之子所罗门拉比(Rabbi Solomon ben Abraham Adret of Barcelona，1235 - 1310)，在《雅各之眼》(*En Ya'akob*)，《米示拿·论斋戒》，27b。这观念亦蕴涵在《光明之书》p. 7a与15b。比较摩许·阿谢克拉比(Rabbi Moshe Alsheikh)对创世记二7的注释。

第十章

1.《法规》对出埃及记三十一14之注释。

2.《拉巴创世记注释书》，11，2。

3. 见《法规》对出埃及记二十11之注释。

4. 《米示拿·论节日》,16a;《米示拿·论斋戒》,27。这说法出自拉基许 之子西缅拉比,他生活在第三世纪。见前引书,第五章,注释11。

5. 十一世纪的古典注释家拉希提出一个心理学式的诠释。对他来说, 这意味着增加灵魂对平静喜乐的接受能力,就像是大啖盛宴却毫 无恶心饱胀之感。《米示拿·论节日》16a;见他对《米示拿·论斋戒》 27b 的评注。《米示拿·论节日》16a 中,拉比努·哈楠业的经文显然 有所讹误。拉希同时代的一位理性主义者伊本·以斯拉(Ibn Ezra, ca. 1092 - 1167),则提供了一个较富形而上学意味的概念。在他对 创世记二3 的注释中宣称,在第七日,灵魂的理智能力获得实际的 增加。还有一个有几分相似的观点,可见于米拿现·迈瑞拉比 (Rabbi Menahem Meiri, 1243 - ca. 1310),《忏悔书》(*Book of Repentance*, New York, 1950)(希伯来文),许莱伯(A. Schreiber) 编,p. 531。即便是伟大的神秘主义者拿马尼德斯(Nahmanides)都 不同意对"加添的灵"的概念作字面上的理解;见他对创世记二2 的 注释。类似的观点可见于以色列之子梅纳许拉比(Rabbi Menashe ben Israel, 1604 - 1657),《生命的灵》(*Nishmat Hayim*, Amsterdam, 1652), p. 53b。意大利解经家、物理学家与哲学作家 欧巴迪亚·斯弗诺拉比(Rabbi Obadiah Sforno, 1475 - 1550)将"加 添的灵"刻画成一种获得增强的领受力,使世人得以获得上帝在说 "我们要照着我们的形像、按着我们的样式造人"时所愿意世人获得 的,见《注释》(*Commentary*)对出埃及记三十一 17 的注释。亦见《年 鉴》(*Sefer Hashanah*, New York, 1947),第八~九册,pp. 210 - 211。

6. 《光辉之书》，II，p. 88b。

7. 《新光辉之书》(*Zohar Hadash*)，〈创世记〉(Genesis)，17b；《光辉之书》，III，p. 242b。十三世纪的一位学者罗马的亚伯拉罕·安南之子西底家拉比(Rabbi Zedakiah ben Abraham Anan of Rome)特别说道："在安息日，人里面有两个灵魂。"《拾穗集》，第一百三十章。《工作之书》，p. 305 有言："人在安息日比在周间拥有更多的灵魂，这是很容易可以观察到的，我们只需看到人们在安息日比起周间任何一天都要轻松快意，就可明白这点。"

8. 《光辉之书》，III，p. 173a。

9. 克雷尼兹的摩西·沙龙之子亚伦·撒母耳拉比(Rabbi Aaron Samuel ben Moses Shalom of Kremnitz, d. 1616)，《人的灵》(*Nishmat Adam*, Pietrkow, 1911)，p. 24。

10. 有个类似的传说谈及约书亚·霍洛维兹拉比(Rabbi Joshua Horowitz)，见《圣名的冠冕》(*Nezir ha-Shem*, Lemberg, 1869)，前言部分。

11. 《安息日祈祷书》(*Sidduro shel Shabbat*, Warsaw, 1872)，p. 8c。

12. 在今日，直接重复主要用在修辞上，例如，他表达一个新观念——这观念具有"重大深意"(great significance)。

13. 对安息日之灵的觉察，并不限定在一周的第七日而已。我们可以看到十诫的两个版本：出埃及记和申命记。在第一个版本中，安息日的诫命的头几个字是：当记念(remember；*zahor*)安息日；第二个版本是：当守(keep；*shamor*)安息日。一位中世纪贤士说道："总要记念它,等候它的到来(*shemor* 也意味着热切等候),引颈期盼,就像一个人期盼爱人的到来一般"(阿纳卡瓦,《明灯集》,III, 575)。

14. 在安息日礼拜中,我们会说:"你喜悦第七日,使它为圣,这是你称为众日子中最可喜爱的。"圣经何处称安息日是"众日子中最可喜爱的"? 在创世记二 2,我们通常翻译作:"到第七日,上帝完毕",但在一份古老的亚兰文版本中则读为"上帝喜爱第七日"。见金斯布格(Moses Ginsburger, 1865 - 1949),《他尔根残篇》(五经的耶路撒冷他尔根, *Das Fragmententhargum* 〔Targum Jeruschalmi zum Pentateuch〕, Berlin, 1899)。

跋

1. 威尔森(J. A. Wilson),〈埃及的神话、传说与丧葬文本〉("Egyptian Myths, Tales and Mortuary Texts"),收录于《古近东文本》(*Ancient Near Eastern Texts*), p. 8。

2. "奠基之石"(*eben shetiyah*)的传说起源于后圣经时代,参金茨柏格,《犹太传奇》,V, pp. 14 - 16。"地方"(*Maqom*)在拉比文献中作为上帝的称号,并没有将空间神化的意思,相反的,它意指空间附属于上帝。空间并不是终极的;上帝超越了空间。

3. 参见赫舍尔,《人不是孤岛:一种宗教哲学》, p. 200。

4. 《坦库玛》,布伯编,II, 76;见拉希对出埃及记十九 1、申命记二十六 16 的注释。

5. 《米示拿·论逾越节》(*Mishnah Pesshim*), 10,5。

6.《米示拿·论手》(*Yadayim*)，3,5。

7.《米示拿·论偶像崇拜》(*Abodah Zarah*)，10b,17a,18a。

8.《米示拿·先贤集》(*Abot*)，4,22。

9. 在每日的晨祷中，我们吟诵："奇妙的上主，每日不断地在祂的良善中更新创世的惊奇。"世界之持存，或是使世界得以持存的法则，乃是缘于上帝的行动。"祢，唯独祢是上主！祢造了天和天上的天，并天上的万象，地和地上的万物，海和海中所有的；这一切都是祢所保存的"(尼九6)。"上主啊，祢所造的何其多！……这都仰望祢按时给它食物……祢掩面，它们就死亡……祢发出祢的灵，它们便受造"(诗一百零四24、27、29、30)。请注意以赛亚书四十八13和四十二5使用了现在式；亦见四十八7。约伯记三十四14～16；《卫道书》3,11。在见到自然的奇景时，我们祈祷："祢是应当称颂的……祢完成了创世大工"(《米示拿·论祝福》9,2；见拉基许〔Resh Laqish〕的观点，《米示拿·论节日献祭》12b及该处拉希的观点)。不断创造的观念，看来是古代争论的主题。据煞买学派(School of Shammai)所言，在安息日行将离去之际，对灯的祝祷乃是这样说的："祢是应当称颂的，因为祢曾经创造了(created)火灯"；不过，根据希列学派(School of Hillel)，我们则要这么说："祢是应当称颂的……因为祢此刻创造了(creates)火灯"(《米示拿·论祝福》7,5)；见约瑟·所罗门·德米迪哥(Joseph Salomo Delmedigo, 1591－1655)，《智能的深度,智能的故事》(*Ta'alumot Hokmah*, *Nobelot Hokmah*, Basel, 1629)，p. 94。

译注

前言

1. 本书以"thing"专指空间中的事物时,译者一律译为"物"或"物事";"事物"一词则保留给较大的范畴,可指涉空间中的事物与时间中的事物。

2. 原文直译为"神或自然"(*Deus sive natura*),此一短语意指上帝与自然是等同的。

3. 斯宾诺莎(Benedict de Spinoza, 1632 - 1677),荷兰哲学家。

第一章

1. 尤维纳利斯(Juvenal/Decimus Iunius Iuvenalis, ca. 55 - 127),罗马讽刺诗人。

2. 塞内卡(Lucius Annaeus Seneca, ca. 4 B. C. - 65 AD),罗马哲学家、剧作家。

3. 斐洛(Philo of Alexandria, ca. 20 B. C. - 40 AD),犹太哲学家。

4. 亚里斯多德(Aristotle, 384 B. C. - 322 B. C.),希腊哲学家。

5. 因为亚里斯多德出生于斯塔吉拉(Stagira),因此,"那位斯塔吉拉人"(the Stagirite)就成为亚里斯多德特有的名号。

第二章

1. 犹太人在亲友过世后,会有七天哀悼期,并遵守相关礼俗,但到了安息日就要暂停。

2. "十八祝福"（*Shemoneh Esreh*）是早午晚的犹太礼仪中皆要念诵
   的祷文。

3. 这是"十八祝福"中的第八祝福。

4. 拉多斯克的所罗门拉比（Rabbi Solomon Rabinowich of Radomsk,
   1803 - 1866），哈西德运动扩张时期的一位领袖。

5. 以利米勒拉比（Rabbi Elimelech Lipman of Lizhensk, 1717 -
   1786），波兰著名的正统派拉比，哈西德派拉拜（rebbe）。

第三章

1. 这三位拉比都是公元第二世纪的"坦拿（Tanna）拉比"，复数为坦拿
   因（Tannaim）。坦拿因是一群在公元 70 年至 200 年间活跃于巴勒
   斯坦的拉比，《米示拿》的作者正是坦拿因。

2. 这名字的字面意义就是"叛教者的后裔"，古代拉比都认为哲林
   之子犹大的异教血统正是他通敌的原因。

3. 西塞罗（Marcus Tullius Cicero, 106 B. C. - 43 B. C. ），罗马政治家、
   演说家、思想家。

4. 斯多亚学派（Stoicism），古希腊哲学家芝诺（Zeno of Citium, 333
   B. C. - 264 B. C. ）所创立的哲学学派。

第四章

1. 阿布亚之子以利沙（Alisha ben Abuyah），生于公元 70 年之前，原
   为一位拉比，后来弃教，与犹太拉比之间有极为激烈的对立。

第五章

1. 《塔木德》(Talmud)，字义为"教导、学习"，犹太法典之集成。

2. 巴尔·科赫巴(Bar Kochba)，犹太人第二次起义反抗罗马的领袖，失败被杀。

3. 米大示(Midrash)是与《塔木德》同时期的释经作品，亦可指这些作品所体现出的释经原则。

4. 和合本的翻译是："耶和华在西乃山和摩西说完了话，就把两块法版交给他，是上帝用指头写的石版"(出三十一 18)。按原文字序开头数字即是"交给、摩西、完成"。其中，"完成"一词的希伯来文是 *kekalloto*，其原型是 *kalah*，而"新娘"的希伯来文则是 *kallah*。

第七章

1. 老哈姆努纳拉比(Rabbi Hamnuna the Ancient)，第三世纪中叶的拉比，曾任拉比学院的院长。

第九章

1. "舒畅"一词的原文 *vayinnafash*，来自名词 *nefesh*，有"生命、魂、渴望"等意义。

跋

1. 兰克(Leopold von Ranke, 1795 - 1886)，德国历史学家。

附录

1. 一种在安息日食用的白面包。

2. "拉拜"(rebbe)即老师之意,且是特指哈西德派的领袖。克比基
   尼彻(Kopychyntsi)是个乌克兰小镇,曾受哈西德派的影响。

3. 哈西德派(Hasidism),十八世纪开始的宗教复兴运动,一个神秘
   主义教派,盛行于东欧。

4. 马克斯·魏因赖希(Max Weinreich, 1893–1969),东欧语言学家。

5. 霍桑(Nathaniel Hawthorne, 1804–1864),美国小说家。

6. 梅尔维尔(Herman Melville, 1819–1891),美国小说家。

7. 爱默生(Ralph Waldo Emerson, 1803–1882),美国作家。

8. 梭罗(Henry David Thoreau, 1817–1862),美国作家。

9. 歌德(Johann Wolfgang von Goethe, 1749–1832),德国作家。

10. 海涅(Christian Johann Heinrich Heine, 1797–1856),德国诗人。

11. 叔本华(Arthur Schopenhauer, 1788–1860),德国哲学家。

12. 胡塞尔(Edmund Gustav Albrecht Husserl, 1859–1938),德国哲学家。

13. 保罗·策兰(Paul Celan, 1920–1970),犹太诗人。

14. 《米示拿》(Mishnah),字义为"重复",犹太法典的核心部分。

15. 《光辉之书》(Zohar),犹太神秘主义卡巴拉(Kabbalah)最重要的经典。

16. 语出赫舍尔,〈视死如归〉("Death as Homecoming")一文。他如此
    写道:"死亡的意义就是:将自己全然献给神。我们这种对死亡的理
    解,不会被人们对不朽的渴望所扭曲,因为此一舍身行动,乃是人
    对神所赐生命之礼的回报。在敬畏神的人而言,死亡是项殊荣。"

图书在版编目(CIP)数据

安息日的真谛/(美)赫舍尔(Abraham Joshua Heschel)著;
邓元尉译. —上海:上海三联书店,2021.8 重印
ISBN 978 - 7 - 5426 - 4219 - 6

Ⅰ.①安… Ⅱ.①赫… ②邓… Ⅲ.①人生哲学-通俗读物
Ⅳ.①B821 - 49

中国版本图书馆 CIP 数据核字(2013)第 105788 号

安息日的真谛

著　　者 / 赫舍尔

译　　者 / 邓元尉

策　　划 / 徐志跃

责任编辑 / 邱　红

美术设计 / 豫　苏

责任校对 / 张大伟

出版发行 / 上海三联书店

　　　　　(200030)中国上海市漕溪北路 331 号 A 座 6 楼

邮购电话 / 021 - 22895540

印　　刷 / 上海惠敦印务科技有限公司

版　　次 / 2013 年 8 月第 1 版

印　　次 / 2021 年 8 月第 3 次印刷

开　　本 / 890mm×1240mm　1/32

字　　数 / 100 千字

印　　张 / 5.75

书　　号 / ISBN 978 - 7 - 5426 - 4219 - 6/G · 1258

定　　价 / 38.00 元

敬启读者,如发现本书有印装质量问题。请与印刷厂联系 021 - 63779028